Himmlischer Lernweg

Lernweg zum Schia-Islam
Wiener Schia-Islam Vorlesungen

Darstellungen der schiitischen Anschauung
mit Schwerpunkt auf der Zwölferschia

Herausgegeben von Hamid Kasiri

BAND 1

Hamid Kasiri

Himmlischer Lernweg

Monotheistische Anschauung

Bibliografische Information der Deutschen Nationalbibliothek
Die Deutsche Nationalbibliothek verzeichnet diese Publikation
in der Deutschen Nationalbibliografie; detaillierte bibliografische
Daten sind im Internet über http://dnb.d-nb.de abrufbar.

Gedruckt auf alterungsbeständigem,
säurefreiem Papier.

ISSN 2364-785X
ISBN 978-3-631-66469-8 (Print)
E-ISBN 978-3-653-05684-6 (E-Book)
DOI 10.3726/978-3-653-05684-6

© Peter Lang GmbH
Internationaler Verlag der Wissenschaften
Frankfurt am Main 2015
Alle Rechte vorbehalten.
Peter Lang Edition ist ein Imprint der Peter Lang GmbH.

Peter Lang – Frankfurt am Main · Bern · Bruxelles ·
New York · Oxford · Warszawa · Wien

Das Werk einschließlich aller seiner Teile ist urheberrechtlich
geschützt. Jede Verwertung außerhalb der engen Grenzen des
Urheberrechtsgesetzes ist ohne Zustimmung des Verlages
unzulässig und strafbar. Das gilt insbesondere für
Vervielfältigungen, Übersetzungen, Mikroverfilmungen und die
Einspeicherung und Verarbeitung in elektronischen Systemen.

Diese Publikation wurde begutachtet.

www.peterlang.com

Lob dem Schöpfer

*Erster Band dieser Studie, der die monotheistische
Anschauung des „Schia-Islam" beschreibt sowie
deren Merkmale und Kriterien darstellt, ist
Propheten Mohammad (s) gewidmet und in
der Hoffnung veröffentlicht, zu einem besseren
Verständnis des „Schia-Islam" beizutragen.*

Inhaltsverzeichnis

Lernweg 11

1. **Himmlischer Lernweg** 15
   1.1. Lernziel 15
   1.2. Lernmethode 18
   1.3. Lernorte 20
   1.4. Lernpunkte 21

2. **Das Wesen des Schia-Islam** 23
   2.1. Die Wahrnehmung des Schia-Islam 23
   2.2. Das Glaubenswesen des Schia-Islam 27

3. **Glaubensweg: Tauhid** 35
   3.1. Die monotheistische Anschauung 35
   3.2. Die Botschaft der monotheistischen Anschauung 40
   3.3. Exklusiver Monotheismus des Schia-Islam 42
       3.3.1. Die harmonische Melodie der Schöpfung 43
       3.3.2. Das friedliche Fortdauern der Schöpfung 47
       3.3.3. Im Spiegel der Zeichen 52
       3.3.4. Glaube aus freierem Willen 55
       3.3.5. Glauben aus der Liebe 56
       3.3.6. Glaube aus Ehrfurcht 57
       3.3.7. Glaube aus spirituellem Spürsinn 58

- 3.3.8. Die Identifikation des Wesens mit den Attributen Gottes 61
- 3.3.9. Die ständige Selbstoffenbarung 65
- 3.3.10. Das Sehen des Herzens 68

4. Glaubenstransfer 75
- 4.1. Einwurzeln in der Glaubenswelt 75
- 4.2. Von der Glaubenswelt zur realen Welt 81
  - 4.2.1. Erkenntnis 85
  - 4.2.2. Schamhaftigkeit 87
  - 4.2.3. Gedenken 88
  - 4.2.4. Ehrfurcht 89
  - 4.2.5. Zufriedenheit 90
  - 4.2.6. Dankbarkeit 94
  - 4.2.7. Vertrauen 98
  - 4.2.8. Liebe 99

5. Schlusspunkt: Unruhig zu Gott 103

6. Literaturverzeichnis 107
- 6.1. Quellen 107
  - 6.1.a. Koranübersetzungen 107
  - 6.1.b. Koranexegese 107
  - 6.1.c. Hadithsammlungen 108
- 6.2. Bücher 110
- 6.3. Artikel 111

Lernweg

Aller Lobpreis gebührt Gott, dem Erhabenen, dem Herrn aller Welten. Wir danken ihm für seine Gnade und seine Gaben und bitten ihn um Hilfe und Rechtleitung in allem, was wir tun, und hoffen, dass er uns in seine Gunst aufnimmt. Sein Frieden und Segen seien mit unserem Propheten Mohammad, seiner reinen Familie und seinen rechtschaffenen Gefährten.

Diese Buchreihe führt nichtumstrittene Überzeugungen des Schia-Islam an. Es repräsentiert eine Glaubensanschauung aus der Sicht der *imamitischen Weltgemeinschaft*.[1] Das bedeutet, alles hier Dargestellte wird von den Imamiten vertreten, insbesondere die beschriebenen Fundamente und Zweige des Glaubens. Darüber hinaus führt diese Reihe authentisch zu den imamitischen Glaubenslehren.

„Lernweg zum Schia-Islam" ist eine mehrteilige Studie, die versucht, in jedem Band einen Glaubenspunkt oder eine theologische Stellungnahme bezüglich

---

1 Wenn in dieser Studie von Schiiten die Rede ist, dann sind damit immer die „Imamiten" – die auch andere Namen wie „Dschafariten" oder „Zwölfer-Schia" haben – gemeint. In dieser Studie werden die „imamitische Glaubenswelt" ihre monotheistische Anschauung und ihre Glaubenspraxis dargestellt.

menschlicher Themen zu behandeln, und somit den Lesern einen kleinen Überblick über den Schia-Islam anbietet.

Als *Erstes* werden wir das Wesen des Schia-Islam rein als Religion bestimmen, indem wir seine grundlegenden Auffassungen und Glaubensanschauungen kurz zusammenfassen. *Sodann* werden wir die inneren und äußeren Aspekte des schiitischen Lebens behandeln. Dadurch wird es zu einem übersichtlichen Nachschlagewerk für grundlegende Informationen über das gegenwärtige Bild des Schia-Islam. Eine zeitgenössische Grundorientierung, nicht nur für Studierende. Die leicht verständliche Behandlung der Themen vermittelt unverzichtbares Basiswissen für islamische Studien und ist eine der ersten konsequent themenorientierten Begegnungen mit dem Schia-Islam.

Möge diese Buchreihe in Gesellschaft und Familie, im Alltag und in der Schule, besonders im Religionsunterricht und in der Erwachsenenbildung den Schia-Islam anstoßen, vertiefen und begleiten helfen.

Möge Allah diejenigen, die dieses Buch berührt, Nutzen daraus ziehen lassen und ihnen ein immer tieferes Verständnis des Islam in Form und Geist gewähren und möge Allah uns im Augenblick unserer Begegnung mit ihm im Jenseits mit dem Glanz des Lichtes erfüllen, das aus der Bedeutung des folgenden Verses strömt: *„Und wahrlich zu Seiner Schia (Gefolgschaft)* *gehört Ibrahim, der zu seinem Herrn kam mit reinem Herzen.*"[2]

Ich bedanke mich bei allen, insbesondere bei meinen Familienmitgliedern, die durch eigenen Beitrag bzw. tätige Mithilfe zum Gelingen dieser Studie beigetragen haben, und bitte den Allmächtigen, dass er ihnen ihre Arbeit mit Gutem vergilt. Herrn Prof. Dr. Martin Jäggle – Altdekan der Katholisch-Theologischen Fakultät der Universität Wien – gilt mein herzlicher Dank für sein Peer Review des Buches. Dem Peter Lang Verlag und Frau Mag. Marciniak gebührt auch mein besonderer Dank.

Ich danke dem Allmächtigen wegen seiner Gabe für die Erledigung dieser Aufgabe! "*Oh unser Herr, nimm (diese Dienste) von uns an. Wahrlich, Du und Du (allein) bist der Erhörende, der Allwissende.*"[3] Ich bitte ihn, uns auf den rechten Weg zu leiten, wo immer wir uns befinden, und in allem, was immer wir auch wollen und tun.

Lieber Herr! "*Leite uns auf den richtigen* **Weg**, *den* **Weg** *derer, denen Du Freigiebigkeit gewährst, nicht (den* **Weg***) derer, denen Du zürnst und nicht den der Irrenden.*"[4]

---

2   Hl. Koran 37:83–84. 1. Wichtigere Zitate werden kursiv gesetzt und deshalb sind sie uneinheitlich.
3   Ebd. 2:127.
4   Ebd. 1:6–7.

1. Himmlischer Lernweg

„Mein Gebet und mein Opfer, mein Leben und mein Tod, gehören Allah, dem Herrn der Welten."
(Hl. Koran 6:162)

1.1. Lernziel

Diese Studie möchte daran erinnern, dass wir – anders als andere Geschöpfe –, mit den erstaunlichen Kräften des Verstandes und des Willens beschenkt wurden. Dann lassen Sie uns diese auch dafür nutzen, den Schöpfer zu suchen. Denn das Hauptproblem des heutigen Menschen ist, dass er seinen Glauben an den gepriesenen Schöpfer verloren hat und dagegen Ideen sowie Gedanken gefolgt ist, die seiner Existenz, dem Universum und der menschlichen Natur zuwiderlaufen.

Er begnügt sich mit den naturwissenschaftlichen Anschaffungen, weiß aber nicht, dass diese Errungenschaften allein nicht Glück und geistigen Trost, nach denen sich eine menschliche Seele im Grunde genommen sehnt, garantieren können. Im Gegenteil, trotz ihrer Vorteile haben diese schwindelerregenden Höhen des Fortschritts ihre Totenwache selbst herbeigeführt: unsagbares Elend, wie Depressionen, soziale Zusammenbrüche und ein quälendes Bewusstsein, nicht zu reden vom Fluch der Kriege zwischen Nationen bzw. Völkern, der Unterdrückung, der Ungerechtigkeit, der Ausbeutung und des sexuellen Missbrauchs im sogenannten aufgeklärten Zeitalter.

Die menschliche Tragödie endet hier nicht; der Mensch leidet darüber hinaus sogar noch durch die Hand seiner lieben Mitmenschen. Gewalt, Ungerechtigkeit und politische Unterdrückung in Form von rassistischer Diskriminierung und engstirnigem Nationalismus sowie sprachliche Vorurteile beeinträchtigen die soziale Ordnung und zerreißen den gesellschaftlichen Organismus, indem sie menschliche Wesen durch wasserdicht abgeschottete Abtrennungen auseinanderreißen. Diese Phänomene sind reale Erscheinungen der Gewalt im 21. Jahrhundert, die verschiedene Gründe haben. Einer davon ist die Entfernung vom Glauben an einen gnädigen und barmherzigen Schöpfer. Daher fordern sowohl der Islam als die Religion des Friedens als auch die Vernunft den Gebrauch des Gewaltfreien, um den Kern des Problems anzugehen und es friedlich zu lösen.

Das Ziel der vorliegenden Buchreihe ist erreicht, wenn es gelungen ist, Impulse zur Horizonterweiterung zu geben, die zu weiteren Begegnungen mit der schiitischen Anschauung und mit dem, was sich in ihr widerspiegelt, führt. In diesem Zusammenhang möchte ich drei Hauptpunkte aufgreifen, auf aktuelle Entwicklungen hinweisen und diese dann im schiitischen Geist vertiefen. Diese Erwägungen dienen damit als Ansatzpunkte, um schiitisch weiterzudenken bzw. die schiitische Anschauung kennenzulernen. Dem ungeduldigen Suchenden begegnen wir mit der kurzen Antwort: Das Lernziel der schiitischen Glaubensanschauung – wie Imam Kazem (s)[5] sagte – basiert auf viererlei Wissen:

- *Das erste (Wissen) ist, dass du deinen Herrn kennst.*
- *Das zweite ist, dass du weißt, was er für dich gemacht hat.*
- *Das dritte ist, dass du weißt, was er von dir will.*
- *Das vierte ist, dass du weißt, was dich aus deiner Religion austreten lässt.*[6]

Die Betrachtung dieser Punkte bietet uns dann vielleicht einige Spuren für die Suche nach einer schiitischen Antwort auf die geistlichen Herausforderungen unserer modernen oder nachmodernen Welt.

Die schiitische Glaubenslehre kann durch ihre vernünftigen und logischen Erklärungen im Menschen eine tiefe Harmonie und eine konstante Überzeugung erzeugen. Genau das will diese Studie vermitteln und ist der Grund, warum ich mich entschloss, die Buchreihe „Lernweg zum Schia-Islam" (Wiener Schia-Islam-Vorlesungen) zusammenzustellen.

---

5   D. h.: Friede sei mit ihm/ihr/ihnen.
6   Schaich Hassan Harrani, Tohaf-ul-Oghool. S. 383.

1.2. Lernmethode

Als Methode wählen wir die zusammenfassende, aber nicht ausführliche Darstellung.[7] Wir werden den Schia-Islam vor allem als religiöse Wirklichkeit abbilden, dabei aber auch berücksichtigen, dass er ebenso eine konkrete historische, kulturelle und politische Größe ist, die viele Völker umfasst, die in dieser Religion heute nicht nur ihre religiöse Identität finden, sondern sich ihr auch ethnisch, politisch und kulturell zugehörig fühlen. Daraus ergeben sich die mehreren Bände dieser Buchreihe.

Insgesamt bietet das Buch einen kompakten und informativen Überblick über Grundgedanken, Glaubensfragen, Tradition, Mission und Herausforderungen der modernen Zeit an die heutige schiitische Glaubensgemeinschaft und ihre Glaubensanschauung. Darüber hinaus werden Selbstverständnis und Grundgedanken des Schia-Islam zum Wesen Gottes, der Schöpfung, der Heiligen Schrift, d.h. dem Heiligen Koran, des Prophetentums, der Imama, des Gebets, des Lebens nach

---

7 Die detaillierte Untersuchung dieser Konzepte würde über den Rahmen dieser Abhandlung hinausgehen; sie ist vielmehr das Thema eines eigenständigen Werkes des Autors, nämlich „Im Spiegel des schiitischen Denkens", in dem die Merkmale des islamischen Glaubens und Denkens ausführlich behandelt werden.

dem Tod sowie des Menschenbildes in wenigen Seiten angesprochen.

Durch diese Methode möchten wir eine möglichst klare Antwort den Menschen geben, die am Schia-Islam interessiert oder von ihm gar fasziniert, aber nicht in der Lage sind, sich diese Antwort aus ausführlichen Spezialwerken zu holen, die vom Leser bereits klare und sichere Grundkenntnisse der Prinzipien des Islam voraussetzen. Unsere Antwort soll daher als ein weiterer Schritt auf dem Lernweg zum Schia-Islam und als weitere Vertiefung der Vorkenntnisse auf diesem Weg betrachtet werden.

In dieser Buchreihe werden wir verschiedene Punkte, Schritte und Stationen dieses Weges nachgehen und dadurch das *Lernziel* erreichen. Die Streitfragen lassen wir bewusst bei seite und konzentrieren uns auf die wichtigsten Themen. Das macht diese Studie einmalig. Das Buch enthält Zitate sowohl aus schiitischen als auch sunnitischen Quellen.[8] Dadurch wird verdeutlicht, dass die Schiiten nicht dazu geneigt sind, Emotionen aufzuwühlen und in Rätseln zu sprechen, sondern mit

---

8 Aus Platzgründen musste ich auf ausführliche Fußnoten und Anmerkungen verzichten bzw. diese kürzen. Dabei sind zahlreiche Literaturangaben und viele Untertitel weggefallen. Vor allem war ich häufig gezwungen, auf die Erwähnung älterer Werke sowie fremdsprachiger Beiträge zu verzichten.

Beweisen zu argumentieren. Dies wird an verschiedenen Stellen des Buches deutlich.[9]

1.3. Lernorte

Die *„Wiener Schia-Islam-Vorlesungen"* fanden zwischen 2009 und 2013 in Wien, einem lebendigen Zentrum des interreligiösen Dialogs und des Islamunterrichts in Europa, statt. In dieser internationalen Metropole kommen viele Lektoren und Kongressteilnehmer aus aller Welt zusammen und kommunizieren miteinander: Theologen, Religionswissenschaftler, Soziologen, Hermeneutiker, Juristen, Philosophen, Studierende unterschiedlicher Fachrichtungen und selbstverständlich alle Interessierten. Für mich waren die Vorlesungen auch eine gute Gelegenheit, verschiedene Universitäten, Institute, Kongresse, Podiumsgespräche und Studientage zu besuchen bzw. an ihnen teilzunehmen und dabei diverse Aspekte des Schia-Islam zu unterrichten und zur Diskussion zu stellen.[10]

---

9 Diese Buchreihe enthält eine Literaturliste mit empfohlenen Artikeln und Büchern. Wer sich weiterführend informieren möchte, kann auf diese zurückgreifen.

10 Die *„Wiener Schia-Islam-Vorlesungen"* fanden z. B. an den folgenden Lernorten statt: Universität Wien; International University Vienna; Kontaktstelle für Weltreligionen (KWR); Islamisches Bildungs- und Kulturzentrum

Die Inhalte dieser (Lehr-)Veranstaltungen wurden zunächst den Teilnehmern als Unterrichtsunterlagen zur Verfügung und zur Diskussion gestellt und bei Bedarf ergänzt oder weiterentwickelt. Einige Themen der *„Wiener Schia-Islam-Vorlesungen"* werden nun durch die Buchreihe einem breiten Publikum zugänglich gemacht.[11]

1.4. Lernpunkte

Angedacht ist, dass die Buchreihe mehrere Bände umfasst, die sich zwar in der Reihe ergänzen, jedoch drei unterschiedliche Kategorien erfassen. In jedem Band werden – je nach Länge oder Möglichkeit – ein oder mehrere Themen behandelt und ihre verschiedenen Dimensionen, Entwicklungen und Geschichte – wie folgt – dargestellt:

- **Schiitische Glaubenslehre**
  I. Himmlischer Lernweg: Monotheistische Anschauung
  II. Gerechtigkeit: Relectur einer Sehnsucht
  III. Prophetentum: Berufung und Offenbarung

Österreichs (IBIKUZ), Webster University; Islamisches Zentrum Imam Ali (IZIA) und Donau Universität.

[11] Weitere Themen der Vorlesungen werden in anderen Buchreihen behandelt, wie z. B. in *„Schia-Islam im Dialog"* und *„Gewaltfreie Hermeneutik des Schia-Islam"*.

IV. Imama: Universale Rechtleitung
  V. Jenseits: Neue Lebensgestaltung

- **Schiitische Glaubenspraxis**
  I. Die transzendente Offenbarung
  II. Das Fasten und der Monat Ramadan
  III. Hadsch: Die immanente Himmelfahrt
  IV. Dschihad: Der Pfad der Befreiung
  V-VI. Khoms und Zakat: Die wirtschaftlichen Verpflichtungen
  VII-VIII. Das Rechte zu gebieten und das Unrecht zu verhindern
  IX-X. Welaya[12] und Lossagung (von Gottesfeinden)

- **Theologie des Lebens**
  I. Die Veredlung der Charakterzüge
  II. Elixier der Buße
  III. Im Spiegel der göttlichen Schönheit
  IV. Die schiitische Weltgemeinschaft
  V. Gewaltfreie Theologie des Lebens

*****

---

12 Liebeserweis gegenüber den reinen Propheten, Imamen und Awlias (Freunde Gottes).

2. Das Wesen des Schia-Islam

2.1. Die Wahrnehmung des Schia-Islam

Der Schia-Islam ist heute auf dem europäischen Kontinent präsent und in vielen Gebieten Europas kein Fremder, Außereuropäischer. Da Glaube und Kultur des Schia-Islam so in der Geschichte der Völker verwurzelt sind, dass sie sich nicht leicht ausradieren lassen, bringen sie den Menschen Wahrnehmung und tragen zum friedlichen Zusammenleben bei.

Wenn die Schiiten sich ihrer Geschichte, insbesondere ihrer Glaubensgeschichte ernsthaft bewusst werden, finden sie Lehren, die imstande sind, Menschen auf dem Weg des Lebens *rechtzuleiten*. Auf der anderen Seite wird ihr Bemühen um eine Vergegenwärtigung der islamischen Lehre im 21. Jahrhundert umso ernsthafter und glaubwürdiger. Dies bedarf es, da Zeit, Raum und Situationen, in denen Menschen verweilen, unterschiedlich sind. Doch obwohl in diesem Zeitalter das Bemühen um eine Vergegenwärtigung der islamischen Lehre umso ernsthafter ist – weil sie einfacher wahrgenommen wird –, ist diese Aufgabe noch lange nicht erledigt. An diesem Punkt setzt die Buchreihe an. Sie beinhaltet ein gutes Wissen über den Schia-Islam, sodass wir mit Gottes Hilfe dazu in der Lage sind, unsere Glaubenserfahrungen an andere sowohl muslimische als auch nichtmuslimische Akademiker, Forscher, Lehrer und Eltern im Westen weiterzugeben.

Als viel reisender Professor bin ich seit Jahren in verschiedenen Ländern, insbesondere im deutschen Sprachraum aktiv. Während meiner Vorlesungen, aber auch während meiner Vorträge, Gespräche und Konferenzen habe ich beobachtet, dass in der heutigen Welt Menschen nicht nur Grundinformationen zum schiitischen Islam benötigen, sondern auch nach Vertiefungsinformationen suchen, um dadurch eine Erklärung ihrer eigenen Existenz zu finden. Der Mensch des 21. Jahrhunderts sucht Antworten auf Fragen des Glaubens, des Lebens, des Leides, des unausweichlichen Todes. Er sucht die religiöse Bindung an bestimmte Sinnzusammenhänge und er sucht ganz simpel eine Form von Trost, den ihm keine andere soziale oder gesellschaftliche Einrichtung nachhaltig und mit Hintergrund geben kann. Der Mensch unserer Zeit ist auf der Suche nach moralischen Werten und Normen, um seine Lebensweise – sei sie individuell-privat oder sozial-gesellschaftlich – zu bestimmen und sie auch islamisch zu verwirklichen. Darum bemerke ich ein anwachsendes Interesse bei meinen Lesern, Zuhörern und Diskutanten zur schiitischen Kultur, welches mich motiviert, den Schia-Islam im Allgemeinen und seine spirituelle Kultur im Besonderen dem Publikum vorzustellen.

Außerdem haben mich meine Zuhörer immer wieder nach der aktuellsten schiitischen Theologie gefragt, in der ich kurze Antworten geben könnte. Dann fragte man mich, ob ich eines Tages die Aufgabe übernehmen werde, den Schia-Islam bzw. die schiitische Theologie systematisch darzustellen und dadurch auch geeignete Antworten auf die vielen Fragen, wie z. B. die Folgenden, geben könnte.

- Welche sind die zentralen Glaubensinhalte des Islam?
- Was bedeutet für Sie, ein Moslem zu sein?
- Wie erhielt Mohammad die Offenbarung bzw. wie entstand der Koran?
- Welche Regeln für den Alltag sind Ihnen vorgegeben (z. B. kein Alkoholkonsum) und wo sind diese verankert?
- Was weiß man vom Glauben der Schiiten in verschiedenen Gebieten der Welt?
- Inwieweit wandelt sich der Glaube der Muslime in Ländern und Kontinenten?
- Repräsentieren ihre Theologie und vor allem ihre Glaubenslehre einen wahren Islam?

Zudem erreichen uns immer wieder Anfragen zu unterschiedlichen Themen aus dem Alltag der schiitischen Muslime. Es sind zum Beispiel Christen oder auch Sunniten, die Fragen an unsere Traditionen, Glaubensinhalte, Koranexegese und Lebenstheologie stellen, die nach geeigneten Antworten harren oder Aufklärungen erwarten.

Diese Studie soll daher ein erster Schritt zu einer weiteren Vertiefung darstellen. Sie soll den Menschen eine möglichst klare Antwort geben, die entweder nach der Glaubenslehre des Schia-Islam fragen bzw. sie gar infrage stellen oder die am Schia-Islam interessiert oder von ihm gar fasziniert, aber nicht in der Lage sind, diese Antwort aus ausführlichen Spezialwerken zu erhalten, da sie vom Leser bereits klare und sichere Grundkenntnisse der Prinzipien des Islam voraussetzen.

Die Anliegen dieser Studie sind also vorrangig:

- die Glaubensvorstellungen des Schia-Islam sowohl den Schiiten als auch den Nichtschiiten zur Verfügung zu stellen, die ganz transparent ihren wahren Sinn verdeutlicht, ja sogar alle herausfordert, um möglichst durch kritische Zugänge zum Schia-Islam sich mit ihm auseinanderzusetzen. Der Leser möge daher diese kurze Darstellung auch als einen Impuls verstehen, sich selbst einmal vertieft mit der Literatur zu diesem Thema zu befassen.
- Studentinnen und Studenten für ihre Religion und ihre Kultur zu begeistern. Sie sollen lernen, was Sinn und Zweck des Lebens ist, welchen Platz der Mensch in der Welt einnimmt, welche tiefe Bedeutung die Begriffe der Einheit Gottes, des Prophetentums und des Lebens nach dem Tode haben und wie sie sich auf das Leben des Einzelnen und der

Gemeinschaft auswirken, welches die islamischen Wertmaßstäbe für Ethik und Moral sind, was das Wesen und den Inhalt der islamischen Kultur ausmacht und was die Pflichten, die Aufgaben und die Berufung eines Muslims sind.
– Menschen hervorzubringen, die tief verwurzelte Überzeugungen in Bezug auf die islamischen Ideale des Einzel- und Gemeinschaftslebens besitzen. Die Studie soll in ihnen die islamische Lebenseinstellung entwickeln, aus der heraus sie dann ihren eigenen Weg im Lichte der islamischen *Rechtleitung* gestalten können.

Diese Punkte sind gleichzeitig Chancen, um im 21. Jahrhundert in Europa und insbesondere im deutschen Sprachraum unseren Zeitgenossen den Schia-Islam durch die wissenschaftlichen Abhandlungen näherzubringen. Die Kritiken und Provokationen, die vor allem durch die Medien getragen werden, sind ebenfalls Anlass zur wissenschaftlichen Behandlung des Schia-Islam.

2.2. Das Glaubenswesen des Schia-Islam

In diesem Kapitel wollen wir dem Glaubenswesen des Schia-Islam ein Stück näher kommen, um durch diese Studie mehr als nur eine Einführung in den Schia-Islam und mehr als eine bloße Auslegung des schiitischen

Selbstverständnisses anzubieten. Es geht hier sowohl um die Sache selbst, als auch um die Entdeckung von Ähnlichkeiten, von Parallelen und Zusammenhängen. Darum wird hier versucht, weder eine schiitische Propaganda zu machen noch ein vertuschtes Bild vom sunnitischen Islam zugeben. Als Grundkurs im schiitischen Denken will die Studie einen kompakten Lernprozess anstoßen. Sie lädt die Leserinnen und Leser ein, stets auf den Schia-Islam zu blicken, ihn zu evaluieren und, wenn nötig, ihn sogar infrage zu stellen. Sie will und kann zwar nicht alle Fragen abschließend beantworten, wohl versucht sie aber, mögliche Begegnungswege aufzuzeigen.

Wir können das Wesen des Schia-Islam erst dann verstehen, wenn wir zuvor das islamische Konzept von Göttlichkeit, Offenbarung, Prophetentum und Imama untersucht haben, da diese Konzepte Fundamente des großartigen Glaubens darstellen, auf dem alle islamischen Lehren basieren. Die beste Art, den Schia-Islam zu erforschen, ist demnach, mit dem Verständnis des allumfassenden Konzepts von Göttlichkeit, Gerechtigkeit, Schöpfung, Leben, Menschheit und Jenseits zu beginnen, bevor man damit fortfährt, die islamischen Ansichten über Politik, Wirtschaft, Kunst, Erziehung, Dialog, Gewaltfreiheit und Weltordnung oder die Beziehungen zwischen Gesellschaft und Menschen zu studieren. Denn solche Themen basieren in Wahrheit auf diesem umfassenden Konzept als Ganzes und sie können nur in diesem Licht richtig und tiefgehend verstanden werden.

Das Wesen des Schia-Islam besteht aus drei Hauptteilen:

A. Glaube
B. Moral
C. Recht

Die Glaubenslehre des Schia-Islam besteht aus zwei Hauptpfeilern, nämlich aus den:

a. fünf Fundamenten des Glaubens, d.h. die Glaubensüberzeugungen[13] und
b. den zehn Zweigen des Glaubens.[14]

Im Prinzip gibt es keine Nachahmung[15] im Bereich der Fundamente des Glaubens. Alle Schiiten sollten von

---

13 Diese sind: 1. Glaube an Einheit und Einzigkeit Gottes (Tauhid), 2. Gerechtigkeit Gottes (Edalah), 3. Prophetentum (Nobowwah), 4. Rechtleitung und Führung (Imamah/Imama), 5. Jenseits und Auferstehung nach dem Tod (Maad).
14 Diese sind: 1. Gebet, 2. Fasten, 3. Fünftelabgabe, 4. Almosensteuer, 5. Pilgerfahrt nach Mekka, 6. Anstrengung auf dem Weg Gottes (Dschihad), 7. Gutes zu gebieten, 8. Schlechtes zu verwehren, 9. Liebeserweis gegenüber den Rechtgeleiteten und reinen Führern, 10. Lossagung von deren Feinden.
15 Die Nachahmung eines Muftis in rechtlichen Angelegenheiten.

diesen Glaubensprinzipien überzeugt sein und durch Schulung und Studium zu einer Art Vergewisserung gelangen, sodass man die Position eines Gläubigen erreichen kann. Ansonsten müssen sie zuerst für die Unwissenheit büßen, dann zumindest Texte lesen, die sie in transparenter Sprache darstellen, andere danach fragen, Kurse besuchen und vor allem selbst darüber nachdenken, um den Weg der eigenständigen Überzeugung bzw. Vergewisserung im Bereich der Fundamente des Glaubens zu ebnen.

Dadurch werden die schiitisch-islamischen Glaubenslehren gleichermaßen den Bedürfnissen des Glaubens als auch der Vernunft gerecht. In diesem Sinne wird der Schia-Islam zu einer Religion, die sich auf Koran, Sunna[16] und Vernunft stützt und durch seine Spiritualität den Menschen zu seinem Ziel rechtleitet. Er bewahrt die Menschen vor dem, was ihrem Leben und ihrem Besitz Schaden zufügt, ermöglicht den Schutz nachfolgender Generationen und stellt den schönsten

---

16 Die Tradition des Propheten und der Unfehlbaren Imamen von seiner Nachkommenschaft, die das Reden, das Tun und die schweigende Anerkennung eines Verhaltens vom Propheten oder von unfehlbaren Imamen beinhaltet. Da sich die Imame auf die Sunna des heiligen Propheten (s) bezogen haben, sind sie die gesicherte Quelle zur Sunna des Propheten.

und, im Hinblick auf das Jenseits, einzigen einträglichen Handel dar.

* * * * *

Die folgende kurze Beschreibung der „*Lernwege zum Schia-Islam*" und die Hinweise auf den Ursprung der Glaubenslehre sind besonderes für die heutige Zeit wichtig, in der der „Glaube" als überwunden, der Gedanke an Gott oft sogar als peinlich empfunden wird und die „Religion" für viele Menschen heute nur noch bei Geburt, Heirat und Tod eine Rolle spielt, bei einigen sogar überhaupt nicht mehr stattfindet. Im schiitischen Bereich hingegen hat sich – trotz aller Säkularisierungsversuche – der Glaube bei einer breiten Mehrheit am Leben erhalten.

Um einmal den Wurzeln des islamischen Glaubens auf den Grund zu gehen, beginnen wir mit nachstehenden *Lernpunkten* über die „schiitischen Glaubensmomente". Die fünf *Fundamente* und die zehn *Zweige* des Glaubens gestalten die Gedankenwelt und die Glaubenspraxis des Schia-Islam. Eine richtige Vorstellung von den schiitischen Glaubensfundamenten und die richtige Praktizierung seiner Glaubenszweige sind die *Lernziele* dieses bescheidenen Beitrags.

Im Folgenden wird versucht, nichtumstrittene Überzeugungen der imamitischen Weltgemeinschaft anzuführen, ihren aktuellen Stand darzustellen und dadurch die imamitischen Glaubenslehren und ihre Argumentationen authentisch zu repräsentieren.

Islam ist ein Weg und der Gläubige ist unter*wegs* und folgt einem *Glaubensweg*. Dieser *Weg* ist ein grader *Weg*, d. h. Serat-ul-Mostaghim.[17] Auf diesem *Weg* hat er Gefährten, die ihn begleiten. Dem Koran folgend ist Prophet Mohammad (s) auch auf diesem Weg[18] und lädt Menschen zu sich ein.[19] Dieser *Lebensweg* ist zugleich ein *Weg* zu Gott, da selbst der erhabene Schöpfer sich auf diesem *Weg* befindet[20] und ihn, den Gläubigen, auf seinem Lebensweg nicht allein lässt. Das ist keine Einbahnstraße, weil der erhabene Schöpfer durch diesen Weg auf den Menschen zugeht. Genauso wie der Mensch, der auf der Suche nach seinem Schöpfer ist, auf den erhabenen Schöpfer zugeht.

Der Islam ist eine monotheistische Religion. Er vertritt den Glauben an den einen allmächtigen Gott. Die Welt stellt ein wohlgeordnetes, harmonisches Ganzes dar, in welchem alles seinen Platz und seine Ordnung

---

17 Hl. Koran 1:6.
18 Ebd. 36:3–4; 6:161.
19 Ebd. 42:52.
20 Ebd. 11:56. Über dieses Thema gibt es viele Ayat (Verse einer Sure im Koran) und Hadithe (Überlieferungen der Aussprüche und Handlungen des Propheten), doch der bescheidene Rahmen des Buches gestattet es nicht, sie alle zu nennen.

hat. Gegenüber der Welt und speziell gegenüber der Menschheit nimmt Gott vier fundamentale Aufgaben wahr: schaffen, versorgen, führen und richten. Die Aufgabe der Menschheit ist der „Dienst an Gott" sowie der Aufbau einer Gesellschaftsordnung, in der ethische Prinzipien verwirklicht werden.

„Sprich:
,Mein Gebet und mein Opfer,
mein Leben und mein Tod,
gehören Allah,
dem Herrn der Welten'."[21]

Die Zustimmung zu diesem Glaubensweg äußert sich im Glaubensbekenntnis und beinhaltet eine Bejahung des Glaubens, des eigenen Ichs und des Lebens. Bekennen ist eine Form des Ja-Sagens. Es bedeutet, was mit Worten bekannt wird, gibt dem eigenen Leben auch Sinn. Das Glaubensbekenntnis drückt aus, dass der Mensch mit Gott gehen will und sich ihm anvertraut. Wie Imam Ridha (s) erwähnte: „Die Glaubensüberzeugung besteht darin, die Pflichten zu verrichten und das Verbotene zu meiden. Die Glaubensüberzeugung besteht auch in Erkenntnis durch das Herz, Bestätigung mit der Zunge und Handeln

---

21 Ebd. 6:162.

mit den Gliedern."²² Darum soll ein gläubiger die Anbetung nicht gering schätzen.²³

---

22 Schaich Hassan Harrani, Tohaf-ul-Oghool. S. 422.
23 In den Überlieferungen werden gläubige Menschen auf diese Gefahr aufmerksam gemacht. In diesem Sinne lesen wir in einer Hadith: „Hüte dich davor, die Anbetung gegenüber Allah zu vernachlässigen, denn dann verlierst du das Doppelte davon [sowohl den Genuss der Verbindung mit dem erhabenen Schöpfer als auch seine Zufriedenheit, die zum Missfallen führen werden (H. K.)] für den Ungehorsam gegenüber Allah." Allameh Madschlesi: Behar-ul-Anwar. Bd. 78, S. 320.

3. Glaubensweg: Tauhid

„Doch diejenigen, die glauben, sind am stärksten in der Liebe zu Gott."

(Hl. Koran 2:165)

3.1. Die monotheistische Anschauung

Die Glaubenslehre und die Glaubenspraxis der Muslime sind im Koran, in der Tradition des Propheten (s) in der Rechtswissenschaft und der Theologie (Kalam) formuliert. Der Koran selbst benennt die zu glaubenden Wahrheiten: Gott, die Engel, die Schriften, die Propheten und den letzten Tag. Das kurze Glaubenszeugnis lautet: „Ich bezeuge, dass es keinen Gott gibt außer Gott, und ich bezeuge, dass Mohammad der Gesandte Gottes ist." Dieses Glaubenszeugnis aufrichtig abzulegen, genügt, um offiziell Muslim zu werden.

Der Schia-Islam ist das, was Gott bestimmt, uns über den Propheten Mohammad (s) vermittelt und durch die Imame (s) erläutert hat. Unser Glaube ist unsere Antwort darauf und eine Gnade Gottes, die auch uns zum Ende eines Suchprozesses führt. Diesen Glauben bekennt der Mensch im Koran und in der Tradition, welche immer wieder zur neuen Auseinandersetzung und Vergegenwärtigung mit den Inhalten und der Geschichte des Islam aufrufen und durch die bewusste Vergewisserung aus uns einen Schia-Muslim machen.

Glaube als Bekennen ist mehr als eine Möglichkeit oder Fähigkeit des Menschen. Es ist auch ein Bedürfnis des Menschen. Sich zu jemandem bekennen, ist dem Menschen aus seinem Leben vertraut, z. B. in der Ehe oder der Freundschaft. Daraus entwickelt man eine Identität. Bekenntnisse sind somit sowohl eine Verpflichtung als auch eine Chance, sich selbst zu verwirklichen. Die beste Art der Selbstverwirklichung findet in der Begegnung mit Gott und durch die monotheistische Anschauung statt, weil sie – wie Prophet Mohammad (s) sagte – den Mensch dadurch belebt: *„Das Gleichnis dessen, der Allahs gedenkt, und dessen, der Allahs nicht gedenkt, ist wie das Gleichnis des Lebenden und des Toten."*[24]

قَالَ النَّبِيُ صَلَى اللهُ عَلَيهِ وَ آلهِ: "مَثَلُ الَّذِي يَذكُرُ رَبَّهُ وَالَّذِي لا يَذكُرُ رَبَّهُ مَثَلُ الحَيِّ وَ المَيِّتِ."

Schiiten sind in ihrem Bekenntnis und ihrem Handeln dem Hl. Koran, der Sunna und der Vernunft verpflichtet. Durch die Begegnung mit diesen Quellen kommen wir zu neuen Fragestellungen, die unsere monotheistische Anschauung bekräftigen. Dem Schia-Islam geht es sowohl darum, welche Vorstellungen Menschen von Gott haben, als auch um die Realität Gottes. Wer ist Gott wirklich?

---

24 Bukhari, Sahih. Bd. 5, S. 2353, Hadith 6044.

Das sind die zentralen Fragen, aus denen wiederum weitere folgen: Wie und wo ist der eine wahre Gott den Menschen begegnet und hat er sich in dieser Begegnung als wahr und wirklich zu erkennen gegeben? Dies sind die *Kernpunkte* unserer Anschauung, die in einem Lernprozess zu erarbeiten sind, um dem Leben einen Sinn zu geben.

Menschen möchten ihrem Leben einen Sinn geben, oder besser gesagt, durch das Leben zu ihrem Lebenssinn kommen. Wenn ihre Epoche, ihre Kultur und ihre Lehrer ihnen den höheren Sinn, die großen Ziele, die festen Überzeugungen nicht geben können oder wollen, dann werden sie sich entweder mit hohlen und trivialen Dingen abfinden oder sich ein Glaubenssystem suchen, das ihrem Leben auf der Welt Inhalt verleiht. Menschen, die ohne Ziel dahinleben, die es zulassen, dass die Suche nach dem Sinn ihres Lebens zu zweifelhaften und unechten Erfahrungen führt, sind einfach nicht von irgendwelchen Alternativen berührt worden, wie z. B.:

- vom religiösen Sinn des Lebens,
- von ethischen Werten,
- von sozialen Ideen und moralischen Pflichten,
- von hohen Anforderungen an die Selbstverwirklichung und
- von der Selbstfindung im aufrichtigen Glauben an den Tauhid des Schöpfers.

Das sind die Pfeiler der schiitischen Anschauung, für die wir alle Verantwortung tragen und durch die Lernprozesse zum zentralen Sinn des Lebens, nämlich Gottes Erkenntnis gelangen können.

Wir müssen davon ausgehen, dass die Glaubenserziehung ein Prozess ist, der mit Sinn und Zweck erfüllt sein sollte; dass jeder tiefgehende Überzeugungen haben sollte; dass jeder junge Mensch den Wunsch haben muss, den Werten zu dienen, die seine Entwicklung und seine Erziehung ermöglicht haben, ebenso wie seine Freiheit als Individuum. Um diese zu verwirklichen, soll man zur Quelle des Lebens und zum Ursprung aller Werte gelangen: dem erhabenen Schöpfer.

Das ist die Botschaft der monotheistischen Anschauung, die mit einem Ausdruck den Weg zum ewigen Heil garantiert: *„Sagt: ‚es gibt keine Gottheit außer Gott', werdet ihr geheilt."*[25] Der Grund dafür ist die Tatsache, dass nur Gott, der Gepriesene, allein angebetet werden soll. Gott ist die absolute Herrlichkeit und Existenz per se.

Jeder, der Gott als einzigen Herrn und Meister anerkennt und glaubt, dass Gott die Menschen nach dem Tode auferweckt, um über sie Gericht zu halten, und jeder, der den Geboten der Tugend und der Brüderlichkeit folgt, wie sie der Koran vorschreibt, ist ein Muslim. Gemäß der Lehre des Koran ist der Islam nichts

---

25 Allameh Madschlesi, Behar-ul-Anwar. Bd. 9, S. 143.

anderes als der wahre Glaube, wie ihn Abraham, Moses, Jesus und alle Propheten vor Prophet Mohammad verkündet haben. Prophet Mohammad (s) ist der letzte Gesandte Gottes und sein Ruf die letzte Verkündigung der Offenbarung. Das bringt der Koran mit den Worten zum Ausdruck: *„Und Wir schickten keinen Gesandten vor dir, dem Wir nicht offenbart haben: 'Es gibt keinen Gott außer Mir; darum dient Mir'.“*[26] In diesem Vers erwähnt Gott den Glauben und den Gottesdienst *('ibâda),* aber keine spezifischen Übungen *(a'mâl),* aber an anderer Stelle wird erwähnt, was mit Gottesdient gemeint ist. Das war eine allgemeine Norm des Moslems- bzw. Momenseins.[27]

Nach der monotheistischen Anschauung sucht der Mensch nach der Wahrheit, nach seinem Ursprung – und damit auch sich selbst. Er sucht nach jemandem, der seine Wünsche verwirklichen kann. Er findet niemanden, der all seine Bedürfnisse erfüllen könnte. Nur beim Ursprung und bei der Quelle aller Geschöpfe findet er Erfüllung, weil Gott alles erreiche. So kommt er zu Gott. Auf diesem Weg wird der Mensch den Schöpfer erkennen, ihn anbeten und durch die Beziehung mit ihm sowohl in der diesseitigen als auch in der jenseitigen Welt wahres Glück finden, weil er sich nicht

---

26 Hl. Koran 21:25.
27 D. h. Gläubigsein.

allein im Leben befindet, sondern in Anwesenheit vom erhabenen Schöpfer.

3.2. Die Botschaft der monotheistischen Anschauung

Der barmherzige Schöpfer wird im Hl. Koran als Licht der Schöpfung dargestellt: *„Allah aber ist das Licht der Himmel und der Erde. [...] Licht über Licht (im Sinne von über alle Lichter). Allah aber leitet zu seinem Lichte, wen er will. Und Allah prägt auch (andere) Gleichnisse für die Menschen, denn Gott kennt alle Dinge."*[28]

Diese einfache Botschaft der monotheistischen Anschauung entsprach nicht nur dem natürlichen Empfinden, sondern auch der Vernunft. Die Vernunft, die einen Urgrund der Welt postuliert, kann diesen nur als einen *einzigen* begreifen, und versteht man diesen Urgrund personal, als mit einem Willen ausgestattet, ist es der Schöpfergott. So ist es sinnvoll, diesen als:

1. *erhaben* über Raum und Zeit, als „summum esse" (der aus sich Seiende), als Inbegriff der Vollkommenheit „summum ens" (der höchste Seiende) zu verstehen.
2. *ungeteilt* zu verstehen. Dieser Inbegriff der Vernunft kann nicht anders als ungeteilt existieren, gäbe es

---

28 Hl. Koran 24:36.

eine Pluralität solch vollkommener Wesen, müsste sie logischerweise mit ihm identisch sein und somit in eins zusammenfallen.
3. *Größten* zu betrachten. „Gott ist groß!", genau übersetzt: „Gott ist größer, bzw. am Größten", sodass man sich keinen größeren vorstellen kann.
4. *absolut* zu glauben, denn er ist es, der sowohl die Entstehung des Daseins als auch dessen Fortbestand ermöglicht.

Das ist das wichtigste Grundprinzip der monotheistischen Anschauung, von der alle Entwürfe des Schia-Islam für das Leben ausgehen und Menschen eine islamische Lebenstheologie ermöglichen, in der man sich in Gegenwart Gottes befindet. Damit ist die *Kernaussage* dieser religiösen Anschauung schon gemacht: Es geht um die Hingabe an den allmächtigen, allwissenden und barmherzigen Gott.

In der grundlegenden philosophisch-theologischen Sicht des Schia-Islam, also in der schiitischen Weltanschauung sind alle Phänomene an eine höhere Macht gebunden, von ihr erschaffen und ihr ergeben. Diese höhere Macht ist Gott, der über alle guten Eigenschaften, wie Weisheit, Macht, Wille, Entschlossenheit, Dasein und Existenz usw., verfügt. Das arabische Wort für Gott ist „Allah". Hingabe heißt auf Arabisch „Islam". Und diejenigen, die sich hingeben, sind die „Muslime". Schia-Muslime sind die, die die monotheistische

Anschauung sowohl aus dem Koran, als auch aus der Tradition des Propheten Mohammad sowie aus der Überlieferung der unfehlbaren Imame erhalten und daran glauben.

Vom Inneren des unscheinbaren Atoms bis zu den höchsten Regionen des Weltalls und allen unentdeckten Welten, sie alle sind von seiner schöpferischen Kraft erschaffen und stehen im Bannkreis seiner Allmacht und seines Willens. Alle Geschöpfe dieser Welt – sowohl die Menschen als auch die anderen, – sind ihm Ergebene und in dieser Demut sind sie allesamt gleich. Nichts ist aus dem Bannkreis des Ergebenseins ausgeschlossen. Auch nicht die Beziehungen zwischen Ehepartnern, Eltern und Kindern oder ähnliches.

Seine Geschöpfe haben alles einzig und allein ihm zu verdanken: Würde, Geist, Begabung, Verstand und Entscheidungskraft, die materiellen Mittel und Möglichkeiten usw. All dies sind wir ihm schuldig – sowohl beim Entstehen als auch beim Fortdauern. Das Gleiche gilt auch bei der ganzen Schöpfung.

3.3. Exklusiver Monotheismus des Schia-Islam

Das spezifische Glaubenssystem des Schia-Islam, von dem auch alle anderen Denksysteme berührt werden, hat eine klare Definition seiner Glaubenslehren und seiner theologisch-philosophischen Artikulation. Diese Eigenschaft ist gleichzeitig das Mittel, mit dem man ganz bewusst die Glaubenslehren über Gott, Mensch, Welt und Jenseits dargestellt bekommt und mit ihrer Hilfe seine Verwurzelung und Weitergabe vorausplanen kann. Ohne Mühe kann nun jeder sich fragen, was sich die Schiiten unter „Monotheismus" bzw. „Gotteslehre" vorstellen bzw. was ihre Vorstellung von „Gott" bestimmt.

3.3.1. Die harmonische Melodie der Schöpfung

Die Beziehung zwischen dem Schöpfer und seiner Schöpfung (d.h. dem Universum, dem Leben und der Menschheit) kommt zum Ausdruck in der Macht des Wortes, des aktiven Willens, von dem alle Schöpfung ausging: *„Wenn Er ein Ding will, lautet Sein Befehl nur ‚Sei!' – und es ist."*[29] So gibt es keinen Vermittler in Form von Leistung oder Materie zwischen dem Schöpfer und seiner Schöpfung. Aus seinem absoluten Willen geht alles Existierende hervor, und durch diesen absoluten Willen wird alles erhalten, organisiert und harmonisch geleitet: *„Er bestimmt alle Dinge. Er macht die Zeichen deutlich."*[30] *„Weder hat die Sonne den Mond einzuholen, noch eilte die Nacht dem Tag*

---

29 Ebd. 36:82.
30 Ebd. 13:2.

voraus; und alle schweben auf einer Umlaufbahn."[31]
"Segensreich ist Der, in Dessen Hand die Herrschaft ruht; und Er hat Macht über alle Dinge."[32]

So bildet die gesamte Schöpfung, aus einem absoluten Willen hervorgehend, eine perfekte Einheit, in der jedes individuelle Teil in *harmonischer Ordnung* mit dem Rest ist, wodurch auch jede Form der Existenz auf eine Weisheit gegründet ist, die mit dieser vollkommenen Ordnung übereinstimmt.

Harmonie beweist, dass das Universum einen weisen und wissenden Schöpfer hat, dem niemand seine Führung streitig macht und gegen dessen Berechnungen sich niemand stellt, weil alles von ihm nach Maß geschneidert ist. Die Ordnung und Vollkommenheit der Schöpfung, die Vortrefflichkeit des menschlichen Geistes, dessen Begrenztheit gleichzeitig offensichtlich ist, das Geheimnis von Leben und Tod und die Ordnung der Schöpfung deuten nicht nur auf die Existenz ihres Schöpfers, sondern auch auf dessen Einzigartigkeit hin. In Sure 112,14 heißt es: "Im Namen Allahs, des Erbarmers, des Barmherzigen. Sprich: Er ist Gott, ein Einziger, Gott, der Undurchdringliche. Er hat nicht gezeugt, und Er ist nicht gezeugt worden, und niemand

---

31 Ebd. 36:40.
32 Ebd. 67:1.

ist Ihm ebenbürtig."³³ Der Koran lehrt also, dass Gott ganz anders ist. Er ähnelt weder in seinem Wesen noch in seinen Eigenschaften irgendeinem von seinen Geschöpfen. Er steht über jeglicher Unvollkommenheit, vielmehr ist er selbst die Vollkommenheit. Er transzendiert alles und ist sinnlich nicht erfahrbar. Trotzdem ist Gott kein Weitentrückter, dem man sich nicht nähern kann oder darf. In diesem Sinne lesen wir im Hl. Koran: *"Wir haben doch den Menschen erschaffen und wissen, was ihm seine Seele einflüstert. Und Wir sind ihm näher als die Halsschlagader."*³⁴ Die harmonische Existenz des Menschen ist auch ein Zeichen seiner Weisheit.

Gott, der Erhabene, offenbarte sich nicht nur der Welt und dem Menschen, sondern auch im Koran, darum glauben wir, dass der Koran ein wichtiges Zeichen der Weisheit Gottes und ein göttliches Wunder darstellt.

Die harmonische Schöpfung ist an sich wertvoll und an sich ein Zeichen der Weisheit des Schöpfers. Aber das Ziel und der Zweck der Schöpfung beschränkt sich nicht auf die bloßen ästhetischen Angelegenheiten,

---

33 Als Prophet Mohammad (s) von seinen Zeitgenossen über Allah befragt wurde: „Wer der Gott eigentlich sei?"; kam die Antwort direkt von Gott selbst in der Form dieser kernigen Sura des Koran, die als der Grundzug der Einheit oder als Grundsatz des Monotheismus angesehen und selbst Surat-ut-Tauhid (Einheitskapitel) genannt wird.

34 Hl. Koran 50:16.

da die Schöpfung nicht ein an sich rührendes Objekt ist. Die Orientierung bzw. die Rechtleitung durch die Schöpfung stellt ein wichtiges Ziel dar.

Der Hl. Koran führt an, dass:

– er *„ein jegliches Ding erschaffen und ihm das rechte Maß gegeben hat"*,[35]
– *„Wir haben jedoch ein jegliches Ding nach (rechtem) Maß geschaffen"*,[36]
– er hat *„die sieben Himmel in Schichten erschaffen. Keinen Fehler kannst du in der Schöpfung des Allerbarmers sehen. So wende den Blick (zu ihnen) zurück: erblickst du irgendeinen Mangel?"*[37]

a. Sein Werk ist maßgeschneidert, die Erschaffung ist aber nicht willkürlich, sondern nach dem Maße.
b. Nicht nur die Erschaffung, sondern die Fortdauer der Schöpfung geht mit seinem Willen und nach dem göttlichen Plan weiter: *„Allah ist es, Der die Winde entsendet, so dass sie Wolken zusammentreiben. Dann breitet Er sie am Himmel aus, wie Er will, und häuft sie Schicht auf Schicht auf und du siehst den Regen aus ihrer Mitte hervorbrechen. Und wenn Er*

---

35 Ebd. 25:2.
36 Ebd. 54:49.
37 Ebd. 67:3.

ihn auf die von Seinen Dienern, die Er will, fallen lässt, siehe, dann ahnen sie Gutes."[38]

All diese Koranverse machen deutlich, dass jedes Sein auf einer Weisheit beruht, die auf vollkommene Weise mit dem Zweck der Schöpfung, nämlich der Rechtleitung des Menschen, *harmoniert*. Dieser Wille, aus dem die gesamte Schöpfung hervorgeht, und durch den sie dann unaufhörlich erhalten und geleitet wird, lässt jedes Geschöpf mit der gesamten Schöpfung *harmonieren* und allgemein vorteilhaft für die gesamte Schöpfung sein.

3.3.2. Das friedliche Fortdauern der Schöpfung

Da die gesamte Schöpfung aus einem einzigen, absoluten und vollkommenen Willen hervorgegangen ist, bildet sie eine Einheit, die in all ihren Teilen vollkommen ist, die in ihrem Wesen, ihrer Organisation und ihren Ausrichtungen harmonisch ist. Aufgrund dieser Merkmale ist die gesamte Schöpfung geeignet, für die Existenz von Leben im Allgemeinen und für die Existenz des Menschen, der höchsten Stufe des Lebens, im Besonderen hilfreich und förderlich zu sein. So kann das Universum nicht feindselig gegen das Leben oder den Menschen sein, noch kann von der „Natur" behauptet werden, dass sie dem Menschen feindlich gesinnt ist,

---

38 Ebd. 30:48.

sich ihm widersetzt oder gegen ihn strebt. Da auch sie eine Schöpfung Gottes ist, ist sie vielmehr ein Freund, dessen Ziele denen des Lebens und der Menschheit entsprechen. Es ist auch nicht die Aufgabe der Lebewesen, mit der Natur zu kämpfen, da sie in ihrem Schoß aufgewachsen sind und alle zusammen einen Teil des Universums bilden, welches aus dem einzigen Willen hervorgegangen ist, der die Schöpfung ausgewogen am Fortdauern hält, solange er will.

Diese Tatsache entspringt dem Prinzip des Tauhid, nämlich der Einheit und Einzigkeit Gottes und verdankt ihm ihre Existenz. Dieses Prinzip hat eine umfangreiche Tragweite, denn es umfasst die gesamte Tauhid-Lehre, d. h.:

1. Einheit seiner Essenz,
2. die Einheit seiner Eigenschaften,
3. die Einheit seiner Befehle und
4. die Einheit seiner Anbetung.

Nach der schiitischen Glaubenslehre wird alles, was die Schöpfung, den Menschen, Gott und seine Eigenschaften betrifft, zum Prinzip des Tauhid gezählt und vor diesem Hintergrund betrachtet. Insbesondere das Wesen und die Eigenschaften Gottes harmonisieren in diesem Bereich. Ebenso ergibt sich daraus die harmonische Existenz der Schöpfung. Aus diesem Prinzip heraus glauben wir zudem an die vielen Zweige des Monotheismus, die die Einheitslehre beinhaltet und die miteinander harmonisieren. Im Folgenden werden sie ganz kurz dargestellt:

1. Die Einheit seiner Essenz: Seine Existenz ist eins, unteilbar und niemand ist mit ihm gleich.[39] Die Einheit seiner Eigenschaften: Wissen, Macht, Ewigkeit und all die anderen Eigenschaften sind mit seiner Essenz identisch. In ihm gibt es keine Dualität der Essenz und der Eigenschaften und sogar keine Dualität oder Unterschiede der Eigenschaften untereinander. In ihm sind alle Vollkommenheiten zu einer

---

39 Imam Baqir (s) sagte sinngemäß: „Alles was du dir vorstellst ist nicht Allah. Es ist nur ein Geschöpf deiner Vorstellungskraft." Allameh Madschlesi, Behar-ul-Anwar. Bd. 69, S. 292.

»كُلَّما مَيَّزْتُمُوهُ بِأَوْهامِكُم في أَدَقِّ مَعانيهِ فَهُوَ مَخْلوقٌ مَصْنوعٌ مِثْلُكُم مَرْدودٌ إِلَيْكُم«.

Imam Reza (s) erwähnte: „So sind Seine Namen eine Erklärung, Seine Werke sind ein Weg, Ihn zu verstehen und Sein Wesen ist Realität. Seine innerste Wesenheit unterscheidet Ihn von der Schöpfung und Seine Andersartigkeit begrenzt, was anders ist als Er. Deshalb kennt jener, der um eine Beschreibung von Gott bittet, Ihn nicht. Jener übertritt die Grenzen [ihm gegenüber, H. K.], der danach trachtet, Ihn zu umfassen. Derjenige irrt sich, der sich vorstellt, Ihn ergründet zu haben!" Schaich Sadoogh, Oyoono Achbare-r-Ridha, Teheran/Iran, 1992, S. 151–152.

Einheit, einer einheitlichen Gesamtheit – untrennbar voneinander – vereint.

2. Die Einheit seiner Befehle: Jede Bewegung, jede Handlung geschieht durch den Willen Allahs. Alles ist abhängig von ihm. Es wird auch im Koran gesagt, dass Allah der Schöpfer und Erhalter aller Dinge ist.[40] Sein Wille und sein Wirken begleiten alle Geschehnisse in der Schöpfung. Nicht einmal ein Blatt fällt von einem Baum ohne sein Wissen, ohne sein Wirken herunter.[41] Das bedeutet, dass überall sein Wille am Werk ist und ohne sein Wirken nichts geschieht.[42]

3. Die Einheit seiner Anbetung: Alle Anbetungen gebühren ihm, weil allein und einzig Gott der Verehrung würdig ist. Alles, was die anderen haben, stammen von ihm, darum darf niemand außer Allah angebetet werden. Unsere Gedanken sollen immer an ihn gerichtet werden. In diesem Sinne empfiehlt Gott, der Erhabene, Prophet Abraham zu sagen: „Sprich:

---

40 Siehe dazu: 39:62.
41 Siehe dazu: 6:59.
42 Das bedeutet allerdings nicht, dass der Mensch keinen freien Willen hat. Der erhabene Schöpfer will, dass wir in Freiheit Entscheidungen treffen, sodass er uns prüfen kann. Er führt uns durch unseren freien Willen und unseren Gehorsam ihm gegenüber zur Perfektion. Wenn wir keinen freien Willen hätten, wäre das ganze Leben, Belohnungen und Strafen sinnlos.

‚Mein Gebet und mein Opfer, mein Leben und mein Tod, gehören Allah, dem Herrn der Welten'."[43]

Außerdem argumentiert der Hl. Koran *„wenn es im Himmel und auf der Erde außer Gott (noch andere) Götter geben würde, wären beide dem Unheil verfallen."*[44] Durch diesen Vers verstehen wir, dass es in der Schöpfung eine Harmonie gibt, wodurch es keine Götter, sondern nur einen einzigen Gott geben kann.

Der Hl. Koran betont, dass er, der erhabene Schöpfer, der Eine und Alleinige ist, andernfalls wäre rundherum Chaos anstelle der Ordnung. Der Allmächtige existiert aus sich selbst heraus und braucht keinen Teilhaber. Er ist allmächtig, immerwährend und gnädig, und hat uns ganz sicher nicht ohne Grund geschaffen. Er ist nicht der alleinige Gott eines bestimmten Geschlechtes oder Volkes. Da er Gott aller Völker, aller Religionen, Offenbarungen und Erfahrungen, aller Formen und Gestalten, Welten und Äonen ist, wendet er sich gütig und erbarmend an jedes einzelne seiner Geschöpfe. Er beschäftigt sich mit ihnen, kennt ihre Bedürfnisse, hört auf ihre Gebete und wird ihrer Erhaltung nie müde.

Diese Erkenntnisse bringen uns zur Schwelle des ständigen Denkens an den Schöpfer, halten uns seine

---

43 Hl. Koran 6:162.
44 21:22.

Allmacht vor Augen und schenken uns die Vergewisserung, dass es keine größere Macht gibt als Allah.[45] Aus dieser Erkenntnis resultieren die innere Ruhe im Menschen und das friedliche Zusammenleben in der Gesellschaft.

3.3.3. Im Spiegel der Zeichen

Die Schia-Muslime sind sich allgemein darin einig, dass der Mensch Gottes tiefstes Wesen durch seine Namen und Eigenschaften kennen kann. Weil alle guten Namen und Eigenschaften von ihm stammen, kann man mit Sicherheit sagen, dass er ein Wesen haben muss, das vollkommen und erhaben ist. Aber was das Wesen Gottes ist, kann kein Mensch erfassen, weil er unendlich ist, und der Mensch sich mit seiner begrenzten Kapazität das Unendliche gar nicht vorzustellen vermag. Denn sonst wäre er begrenzt und somit kein Gott.

Für den Schia-Islam ist es sehr wichtig, Gott selbst zu kennen, zu verstehen, im Zwiegespräch mit ihm zu stehen und ihn zu lieben, aber niemand kann sich vorstellen, ihn mit eigenen Augen zu sehen. Wichtig ist ihnen, durch Zugänge und Wege die Begegnung

---

45 Es gibt noch viele weitere Zweige des Monotheismus, die wir aber an dieser Stelle aus Mangel an Platz nicht behandeln können.

mit Gott zu finden. Diese Wege sind seine Zeichen: die Schöpfung, insbesondere ihre Krönung, d. h. der Mensch selbst. Praktisch gesehen können sie durch die Verwirklichung seines Willens, d. h. seine Gebote, zur höchsten Kenntnis seiner Eigenschaften, z. B. Güte, Barmherzigkeit und Gerechtigkeit, gelangen. Sogar durch die Erfassung seiner Schöpfung kann jeder eine Darstellung seines Selbst erhalten und ihn im Spiegel der Schöpfung sehen. Wenn man richtig über seinen eigenen Werdegang nachdenkt, wird man mit Ehrfurcht erstaunt sein, wie genau der erhabene Schöpfer ihn geschaffen hat. Dies führt ihn zur Aussage: „Sobhanallah", d. h. „Gott ist gepriesen", oder „Alhamdo Lillah", d. h. „Dir sei Lob!"

Was jedoch im Zusammenhang mit der Schöpfung erwähnt werden soll, sind die Feststellungen, dass:

a. die Schöpfung nicht an sich rührend ist und zwangsläufig einen Schöpfer benötigt,
b. die Schöpfung nicht zweck- oder sinnlos ist,
c. die Erschaffung von Himmel und Erden größer ist als die des Menschen[46] und sie sinngemäß ist.[47]
d. sie noch ausstehende Fristen hat,[48]

---

46 Hl. Koran 50:57.
47 Ebd. 79:27 und 37:11.
48 Ebd. 6:2; 6:6; 6:67.

e. die Schöpfung Gott lobpreist,[49]
f. alles, was da ist, Zeichen des erhabenen Schöpfers sind,[50]
g. alle und vor allem der Mensch naturgemäß nach der Wahrheit sucht.[51]

Diese Feststellungen sind besondere Hinweise auf die *Zeichen der Barmherzigkeit Gottes*, an denen nur jemand zweifeln kann, der wirklich auf seinem Weg die falsche Abzweigung genommen hat,[52] die ausdrücklich jedes Ding umfasst,[53] und die Gott sich Selbst vorgeschrieben hat.[54]

---

49 Ebd. 17:44; 24:41; 57:1; 59:1; 59:24; 61:1; 62:1; 64:1.
50 „Wir werden ihnen Unsere Zeichen Überall und an ihnen selbst sehen lassen, damit ihnen deutlich wird, dass es die Wahrheit ist." Ebd. 41:53.
51 „Das ist weil Er, Allah, die Wahrheit ist und das, was sie statt Ihm anrufen, Lüge ist und weil Allah der Erhabene ist, der Große." Hl. Koran 22:62. Deshalb werden alle Menschen, und insbesondere die Muslime dazu aufgefordert, so ihr Antlitz auf den Glauben wie ein Aufrechter zu richten und der Fitra, d. h. der instinktgebundenen Natur zu folgen, mit welcher Allah den Menschen erschaffen hat. Siehe dazu den Hl. Koran Sure 30 Vers 30.
52 Siehe dazu: 15:56 und 29:23.
53 Ebd. 6:147; 7:156; 40:7.
54 Ebd. 6:54 und 6:14.

3.3.4. Glaube aus freierem Willen

Gleichzeitig sollte erwähnt werden, dass kein Schia-Moslem sich im Islam, sei es im Glauben oder im Handeln, verpflichtet bzw. gezwungen fühlt, an etwas zu glauben. Dem Koran zufolge *„gibt es keinen Zwang im Glauben"*. Darum kommt alles, was im Schia-Islam gemacht wird, durch den eigenen Willen zustande, und das ist die Stärke des Schia-Islam. Im Glauben gibt es keinen Zwang (Freiheit des Menschen und Freiwilligkeit), aber der richtige Weg ist klar erkennbar und vom unrichtigen und falschen Weg unterscheidbar. Das bedeutet, dem Menschen wurde der richtige Weg deutlich gezeigt, aber er kann nicht gezwungen werden, diesen auch zu beschreiten. Jeder Mensch muss für sich selbst wählen und dann die Konsequenzen aus seiner Entscheidung tragen. Darum haben der Glaube und das Handeln im Schia-Islam einen bedeutsamen Wert und der Gläubige kann für seine (freien) Taten zur Rechenschaft gezogen bzw. belohnt werden.

Dabei spielt im Schia-Islam die Lehre von der „Vorherbestimmung" im Sinne des Gezwungen-seins aller Geschehnisse durch Gott gar keine Rolle. Im Gebet z. B. ergeben sich Muslime gewissermaßen dem von Gott festgelegten Schicksal. Sie bitten einerseits Gott in einer konkreten Notlage um Hilfe und ergeben sich andererseits in das ihnen von Gott zugedachte „Vertrauen", das Tawakkol heißt. Tawakkol garantiert auch die Freiheit des Menschen, der Überzeugung und des Glaubens aus tiefstem Herzen, der Bezeugung des Glaubens, der Realisierung und der Verwirklichung der islamischen Lehre im Leben, weil es aus tiefem Glauben hervorgeht und alle seine Stufen beinhaltet.[55]

3.3.5. Glauben aus der Liebe

Der Schia-Islam macht deutlich, dass Gott nicht nur „der Größte" ist – wie man im Islam viele Male am Tag sagt –, sondern dass sein tiefstes Wesen Liebe ist und er uns Menschen in seine Obhut nehmen und mit sich versöhnen will. Gott ist nicht nur der allgemein barmherzige, sondern der gnädige, rettende Gott, der sich seine Rettungstaten viel kosten lässt. Gott ist nicht nur der in seinem Willen völlig freie, sondern vor allem der treue, liebende Schöpfer, auf den sich seine Ergebenen verlassen können, da *„sie Ihn lieben und Er sie liebt."*[56] Hier ist nicht vom Geschöpf und Schöpfer, sondern einfach vom Liebenden und Geliebten die Rede! Nor-

---

55 Iman, also der Glaube hat drei Dimensionen:
 – Überzeugung und Glaube mit dem Herzen,
 – Überzeugung und Glaube mit der Zunge,
 – Überzeugung und Glaube mit den Gliedmaßen (Praxis, Handlungen).
56 Siehe dazu: Hl. Koran 5:54.

malerweise werden Glaube, Gebete und Anbetungen aus einem der folgenden zwei Gründe ausgeübt:

a. Hoffnung auf das Gute vom Angebeteten, (wie z. B. Paradies oder weltliche Gaben) oder
b. Angst vor dem Übel, das den Menschen durch Vernachlässigung der Anbetung heimsucht, (auch Ängste z. B. vor der Hölle).

Die Beschränkung auf diese zwei Elemente sind für schiitische Gläubige zu wenig, denn was für sie am wichtigsten und vor allen anderen Sehnsüchten steht, ist die Anbetung aus Liebe. Das heißt, weil man den Angebeteten für höchst anbetungswürdig hält, betet man ihn an.

Der Schia-Islam weiß, dass Gott nicht ein unabänderliches Schicksal ist, sondern der liebende Schöpfer, der das Bitten der Krönung seiner Geschöpfe (der Menschen) so erhört, dass es ihm zum Besten dient.

3.3.6. Glaube aus Ehrfurcht

In Anbetracht der schiitischen Anschauung fühlen wir uns dem Schöpfer gegenüber nicht wie Zöllner, die immer nach Erfüllung ihrer Wünsche von der Beute des anderen verlangen, sondern wir glauben auch, dass Gott Rechte auf uns hat und von uns etwas zurückerwartet. In diesem Sinne erwähnte Imam Zain-ul-Abedin (s) als das erste Recht, das auf uns zukommt, das Recht Gottes: *„Das größte Recht Gottes dir gegenüber ist, dass du*

Ihn anbetest und Ihm niemanden beigesellst. Und wenn du dies mit Aufrichtigkeit erfüllst, hat sich Gott selbst dazu verpflichtet, dich in dieser Welt und im jenseitigen Leben zufriedenzustellen, und dir das zu bewahren, was dir in dieser und in der anderen Welt gefällt."[57]

Ausgehend von dieser Lehre sind wir darum bemüht, zuerst aus Ehrfurcht seine Rechte zu kennen, und dann sie – soweit es uns ermöglicht wird – zu erfüllen. Wir fühlen uns seiner Rechte gegenüber existenziell und moralisch verpflichtet, da seine Rechte würdig sind, erfüllt zu werden. Um es zu deuten, sagt der Schia-Islam, dass Gottesanbetung und Frömmigkeit weder aus Angst noch aus Hoffnung heraus kommen, sondern der Gläubige soll sich im Bereich der Kenntnis Gottes so vorbereiten, dass er den Schöpfer für höchst anbetungswürdig hält und ihn aus diesem Grund anbetet. Das verlangt nach einer gewissen Erkenntnis, die die Majestät des Schöpfers veranschaulicht, Menschen innerlich zum Glauben bewegt und sich von seiner Glaubenswelt zur realen Welt etablieren lässt.

3.3.7. Glaube aus spirituellem Spürsinn

Gott, der Gepriesene, ist seinem Wesen nach vom menschlichen Verstand nicht erfassbar, dem Handeln nach aber immer präsent, immer existent. Das Han-

---

57 Schaich Hassan Harrani, Tohaf-ul-Oghool. S. 261.

deln Gottes wird durch seine Attribute und Namen zustande kommen. Auch das bringt der Schia-Islam dem Hl. Koran nach sehr einprägsam zum Ausdruck. Bei verschiedenen Gelegenheiten erwähnt der Koran, dass Gott absolute Attribute besitzt. Er ist Gott, der Schöpfer, Allwissende, Allhörende, Allsehende, alles Führende, Ernährer, Nachsichtige, Liebevolle, stets Verzeihende, sich selbst Genügende. Allah, der Gepriesene, ist der einzige, der alle guten Eigenschaften besitzt. Er ist der einzig Mächtige, der allen Mächten absolut überlegen ist. Daher ist er der einzig Gnädige und Großzügige, Belebende, Barmherzige und Bedürfnislose. Alle Namen, die in irgendeiner Form das Gute beinhalten, gehören ihm. Wenn man also jemanden in der Hoffnung, etwas Gutes zu erhalten, anbetet, kann das nur Gott, der Gepriesene, sein, der einzig und allein anbetenswert ist, weil der Mensch sich nur jemandem unterwirft, in dem er Vollkommenheit sieht. Und er ist der einzige allmächtige Besiegende, dessen Siegeskraft niemand standhalten kann. Er ist der einzige mächtige, gerechte Rächer, ohne dessen Erlaubnis niemandem etwas zustoßen kann. Daher ist er der Einzige, dem Anbetung gebührt, und der Einzige, vor dessen gerechten Zorn man sich hüten soll, wenn man sündigt.

Wir glauben, dass der erhabene Schöpfer unsterblich ist, ewig existiert, es kein Vorher und kein Nachher für ihn gibt und er der Erste und der Letzte sein wird. Im Unterschied zu uns, der Geschöpfe, die sich ständig bewegen, kommen, gehen, stetig wachsen und altern, ist der erhabene Schöpfer stabil und nicht auf die Elemente der Zeit, des Raums und der Situationen bezogen – er ist frei von Zeit und Raum. Dass er nicht zeitbezogen ist, bedeutet, dass es bei ihm weder Vergangenheit noch Zukunft gibt, weil alles für ihn Gegenwart ist. Darum gibt es bei ihm keine Verborgenheit, weil alles sich in seiner Gegenwart befindet. Aus diesen Gründen glauben wir, dass er allwissend und ewig (Al-Baaqi) ist. Die Ewigkeit benötigt die absolute Macht, die sein Herrschaftsgebiet unergründlich macht und ihm ermöglicht, *„alles zu tun, was Er will."*[58]

Ein mangelhaftes Wesen ergibt sich einzig und allein einem vollkommenen Wesen. Und diese Vollkommenheit bezieht sich entweder auf eine Schönheit, die die Seele anzieht, oder auf die Herrlichkeit, der jedes weise und vernünftige Wesen demütig unterworfen ist und die das Herz selbstlos werden lässt. Dabei ist zu bemerken, dass Gott die absolute Herrlichkeit und Schönheit per se ist und dem Gläubigen einen Spürsinn für spirituelle Feinheiten verleiht. Also ist Gott der einzige Angebetete und es gibt keinen Angebeteten außer ihm. Alle guten Namen stammen von ihm: *„Gott – es gibt keinen Gott*

---

58 Hl. Koran 2:20.

außer Ihm. Ihm gehören die schönsten Namen."[59] Also gebührt das Anbeten, egal aus welchem der oben genannten Gründe es auch sein mag, nur dem Angebeteten, außer dem es keinen Gott gibt.

3.3.8. Die Identifikation des Wesens mit den Attributen Gottes

Von Anfang an glaubte der Schia-Islam, Allahs[60] Eigenschaften gleichen seinem Wesen bzw. sind sie identisch mit seinem Wesen, wenn sich auch viele wunderbare Namen auf das Wesen Gottes beziehen, weil:

a. genauso wie sein Wesen seine Eigenschaften unbegrenzt sind,

b. mehrere Unbegrenzte nebeneinander nicht existieren können und

---

59 Ebd. 20:8.
60 Allah ist der persönliche Name des einen wahren Gottes. Nichts außer ihm kann Allah genannt werden. Das Wort hat grammatikalisch gesehen weder Plural noch Geschlecht. Dies zeigt die Einzigartigkeit im Vergleich zum Wort Gott, aus dem man grammatikalisch die Mehrzahl Götter oder die weibliche Form Göttin bilden kann. Es ist auch interessant festzustellen, dass Allah der persönliche Name Gottes im Aramäischen, der Sprache Jesu Christi, und eine verwandte Sprache des Arabischen ist.

c. seine Eigenschaften identisch sind, sowohl untereinander als auch mit dem Wesen.[61]

In diesem Zusammenhang muss der Ausdruck „der Eine" im doppelten Sinne verstanden werden:

1. Gott selbst ist einer[62] in seiner göttlichen Natur: damit wird ein Dualismus, Tritheismus bzw. eine Dreieinigkeit ausgeschlossen.
2. Er ist die einzige Gottheit: Er hat keine Mitgötter, wie die heidnischen Mekkaner sie ihm beigesellten, und wie einige Christen später, die behaupten: „Jesus ist der Sohn Gottes und sogar Gott selbst".[63]

---

61 Einige dieser Attribute finden wir in folgenden Versen des Korans nebeneinander gestellt: „*Er ist Allah, außer Dem es keinen Gott gibt, der Wisser des Ungesehenen und des Sichtbaren. Er ist der Gnädige, der Barmherzige. Er ist Allah, außer Dem es keinen Gott gibt, der König, der Heilige, der Eigner des Friedens, der Gewährer von Sicherheit, der Beschützer, der Allmächtige, der Verbesserer, der Majestätische. Hoch erhaben ist Allah über all das, was sie anbeten! Er ist Allah, der Schöpfer, der Bildner, der Gestalter. Sein sind die schönsten Namen. Alles, was in den Himmeln und auf Erden ist, preist Ihn, und Er ist der Allmächtige, der Allweise.*" (59:22-24)
62 Das „er" oder „der" beziehen sich *nicht* auf das Geschlecht Allahs, sondern sind allein grammatischer Art. Allah hat kein Geschlecht.
63 Als Hinweis auf die Stellung Jesu Christi bei Gott und als Deutung seiner eigentlichen Identität sagt der erhabene

Obwohl alle Propheten dazu berufen worden sind, den monotheistischen Glauben zu verkünden, kam erst mit Prophet Mohammad (s) die von jedem Muslim so oft wiederholte Formel: "La Ilaha illa Allah", d. h. es gibt keinen Gott außer dem Gott. Dieser Satz brachte die theologische Gewissheit zum Ausdruck, dass Allah der einzig wahre Gott sei.

Wir müssen also, wenn wir an ihn richtig glauben wollen, wenn wir Gott um etwas bitten und mit ihm Zwiegespräche führen wollen, ihn auch richtig kennen und so gut wie möglich unsere Erkenntnis über Gott vervollständigen. Einer der Wege, wie wir unsere Erkenntnis über Gott vervollständigen können, ist die Kenntnis seiner Eigenschaften bzw. Attribute und ihr Verhältnis zum Wesen des Schöpfers. Auch die verschiedenen Namen, mit denen wir Gott rufen, sind voller Erkenntnis über Gott. In ihrer wiederholten Rezitation steckt eine

---

Schöpfer im Koran: *„O Volk der Schrift, übertreibt nicht in eurem Glauben und saget von Allah nichts als die Wahrheit. Der Messias, Jesus, Sohn der Maria, war nur ein **Gesandter** Allahs und eine **frohe Botschaft** von Ihm, die Er niedersandte zu Maria, und eine **Gnade** von Ihm. Glaubet also an Allah und Seine Gesandten, und saget nicht: ‚Drei.' Lasset ab – ist besser für euch. Allah ist nur ein Einiger Gott. Fern ist es von Seiner Heiligkeit, dass Er einen Sohn haben sollte. Sein ist, was in den Himmeln und was auf Erden ist; und Allah genügt als Beschützer."* (4:171)

Vielfalt an Nutzen. Meist bergen diese Namen die Bedeutung verschiedener Attribute Gottes in sich, durch deren nähere Betrachtung sich die Erkenntnis des Menschen über Gott vervollkommnet, weil er Zugänge zum Wesen des Schöpfers findet, die ihm veranschaulichen, dass sein Wesen für ein begrenztes Wesen wie wir nicht zu erfassen ist. Der Grund dafür ist die Schwäche des Menschen, da er begrenzt ist und der Schöpfer nicht.

Wenn wir die Namen Gottes, wie Ar-Rahman (der Allerbarmer), Ar-Rahim (der Barmherzige), As-Sami' (der Hörende), Al-Basir (der Sehende), Al-Mon'im (der Gabe Spendende), Al-Ghafur (der Vielverzeihende) usw., rezitieren und uns auch in Gedanken mit diesen Namen beschäftigen, dann werden wir allmählich mit dem Geist der Namen und Eigenschaften vertraut und erkennen, dass Gott wirklich barmherzig ist, dass er hört und sieht, den Menschen mit Gaben beschenkt und verzeihend ist. Wenn wir uns all diese Eigenschaften Gottes vor Augen halten, dann hegen wir auch in uns die Hoffnung auf die Vergebung und Barmherzigkeit Gottes. Auf diese Weise befindet sich der Betende, der sich mit diesen Attributen Gottes beschäftigt, in einer gewissen gläubigen und spirituellen Beziehung zu Gott, die ihm alle Probleme gering erscheinen lässt. Sie lässt ihm sogar problematische und problemlose Situationen gleichwertig erscheinen. Auf diese Weise entsteht in einem Menschen, der die Hoffnung auf alles verloren hat, neue Hoffnung und Kraft.

3.3.9. Die ständige Selbstoffenbarung

Die Schiiten sind übereinstimmend der Meinung, dass Gott sich wahrhaft und ausschließlich in der Offenbarungsgeschichte, d. h. abschließend und überbietend im Koran offenbart bzw. manifestiert hat. Die Kunde von dem einen und einzigen Gott, dem Ursprung und Ziel alles Seienden, dessen Wille unbeschränkt ist und der nichts Vergleichbares neben sich hat und haben kann, kam wie ein reinigender Blitz durch den Koran in die Welt und lebte in unserer theologischen und mystischen Tradition weiter. Nichts wird im Koran und in der islamischen Tradition so häufig theoretisiert und thematisiert wie die Einheit und Einigkeit Gottes und das Bewusstwerden seiner Allmacht und Allgegenwart. Dies ist die Grundlage des Islam und steht am Anfang des schiitischen Glaubensbekenntnisses.

Der Hl. Koran lehrt, dass Gott diese Welt für einen bestimmten Zweck geschaffen hat, nämlich seine unbegrenzten Attribute und seine unendliche Barmherzigkeit zu offenbaren. *Die gesamte Schöpfung ist eine ständige Offenbarung Gottes*, dass man dadurch ständig ihn, seine Eigenschaften und sein Schaffen anblicken kann. Daher werden die einzelnen Welten im Koran „'Alam" genannt, das bedeutet, etwas, was zur Erkenntnis Gottes führen kann.

Die göttlichen Manifestationen sind ganz bunt. Die erste Erscheinung ist die erste Selbstoffenbarung des göttlichen Wesens. Weitere sind die Manifestation der göttlichen Erhabenheit und der göttlichen Schönheit. Schon in den allerersten Versen des Koran wird Allah:

- Rabb-ul-'Allein (der Herr der Welten bzw. Weltbewohner),
- Ar-Rahmen (gnädig),
- Ar-Rahim (barmherzig) und
- Maliki Yaum-i-Ddin (der Herr am Tag des Jüngsten Gerichts)

Genannt. Das heißt, er ist der Schöpfer und Erhalter aller Welten, der alles gestaltet und vollendet, leitet und richtet, straft, aber auch verzeiht.[64] Sie sind Begriffe, die

---

64 Tabellarisch dargestellt, glauben wir an einen einzigen Gott, den:
- Allmächtigen,
- Allwissenden,
- Allgerechten,
- Bewahrer aller Welten,
- Freund,
- Hüter,
- Helfer,
- Barmherzigen,
- Gnadenvollen,
- Ruhmreichen,
- Herrlichen,
- Wunderschönen,
- Ewigen,
- Unendlichen,

nach unserer Auffassung viel umfassender und prägnanter sind als der christliche „Vater". So fordert er uns auf, seine Schöpfung näher zu betrachten und seine Gesetze, die überall wirksam sind, zu erkennen.

Der Hl. Koran und die schiitische Gotteslehre lehren uns, dass alles, was existiert, Gottes Allmacht und Weisheit verkündet, egal ob im Diesseits oder Jenseits. Denn er allein ist der, der alles hervorbringt und vollendet, die Aufgaben und Ziele aller bestimmt, sie von Stufe zu Stufe leitet, damit sie ihre verborgenen Möglichkeiten entdecken und entfalten können. So sehen wir, dass nicht nur die Pflanzen, Tiere und Menschen, sondern auch die Sterne und Planeten, ja sogar ganze Sonnensysteme entstehen, ihren Werdegang durchlaufen und ihre höchste Entwicklungsstufe erreichen. Sie erfüllen ihre existenzielle Aufgabe, werden alt und vergehen. Die Wechselwirkung von Tag und Nacht, von Jahreszeiten, von Leben und Tod, von

---

– Ersten,
– Letzten.

Außerdem glauben wir:
– es gibt nichts, das ihm gleich wäre,
– er hat keine Teilhaber an seiner Macht,
– er wurde nicht gezeugt und hat weder Sohn noch Tochter gezeugt,
– er ist ein absolutes, unteilbares Ganzes,
– er ist das Licht der Himmel und der Erde, und
– er ist Allah.

Entstehen und Vergehen ist ein Ausdruck der dynamischen Schöpfungskraft Gottes und Zeichen bzw. Erscheinung der göttlichen Schönheit, die die Einzigkeit Gottes betonen.

3.3.10. Das Sehen des Herzens

Der Schi-Islam verkündet die plausibelste Form des Monotheismus und alle schiitischen Glaubensrichtungen betrachten ihn als Fundament ihres Glaubens. Für sie ist Allah der eine und einzige Gott; er ist unteilbar und hat niemand neben sich. Er ist unvergleichlich und nichts ist ihm auch nur ähnlich. Nichts geschieht ohne seinen Willen. Er ist der Erste, der Letzte, der Ewige, der Unendliche, der Allmächtige und der Allwissende. Er ist der Schöpfer und Erhalter aller Dinge. Er ist der Gerechte, der Allerbarmer, der Gnädige, der Liebende, der Gütige, der Erhabene, Preiswürdige, der Wahrhaftige. Er ist der Inhaber und Besitzer aller vollkommenen Eigenschaften.

Alle Schiiten glauben an all diese und noch andere im Koran und in der Sunna erwähnten Eigenschaften bzw. Attribute Gottes in ausgewogener Weise und betrachten sie so, dass weder die eine Eigenschaft zugunsten einer anderen vernachlässigt wird, noch zum Nachteil einer anderen überbetont wird; denn Allah allein hat sich mit all diesen Namen benannt.

Aber gleichzeitig soll erwähnt werden, dass es in der schiitischen Tradition unterschiedliche Zugänge bzw. unterschiedliche Niveaus zum Thema „Tauhid" gibt. Nicht nur zwischen jenem Tauhid aus der Sicht der normalen Gläubigen und der Sicht der Bevölkerung gibt es Unterschiede, sondern auch zwischen der Sicht des Mystikers, der den höchsten Gipfel der Erkenntnis erreicht hatte, und dem des Philosophen und dem des Theologen erhebliche, was manchmal zu ernsten Konflikten führen kann.

Insbesondere die monotheistische Anschauung der Mystiker, die sowohl höchste Erkenntnisse genossen, als auch im praktischen Leben höchste moralische Normen erreicht hatte, wird – wegen ihrer Genauigkeiten bzw. Feinheiten – Anlass für Missverständnisse. Denn der Mystiker glaubt, dass das wirklich Existierende nur Gott ist. Nur er ist wirklich und war. Nur er ist und hat sein, alles andere ist nur Schein. Mit anderen Worten: Außer Gott existiert bzw. ist nichts. Das Tauhid des Mystikers bedeutet, dass es gilt, jenen Weg zu gehen, dessen Ende der Gipfel Tauhid ist. Also jener Gipfel, an dem der, der ihn erreicht hat, nichts anderes sieht und erkennt als Gott, weil da nichts anderes zu sehen ist oder zu sehen gibt. Genauso wenn man ein Objekt sieht, bevor er ihn sehen kann, sieht er seine Existenz, sieht ein Mystiker bevor er z. B. ein Buch zu sehen, hat er sein Existenz gesehen. In diesem Sinne kann der Mystiker sagen, dass da nur Gott sieht.

Diese mystische Tauhid-Erfahrung ist so erhaben, dass alle Gläubigen nicht Imstande sind, es zu verstehen. Aus diesem Grund betrachten sie diese Erfahrung als unorthodox oder manchmal sogar als eine Art Gotteslästerung.

Man kann sagen, dass die schiitische Gotteslehre so erhaben ist, dass uns gesagt worden ist, über die Gnadengaben Allahs nachzudenken und nicht über seine Essenz, weil es niemandem gelingt, sein Wesen zu erfassen. Wenn das der Fall ist, wie kann jemand behaupten, dass Gott zu sehen sei? Außerdem steht das im Widerspruch mit dem Koran, weil der Hl. Koran sagt: *„Du kannst Mich nie sehen."*[65]

Um den Sinn dieses Koranverses zu erfassen, muss man vor allen Dingen den Koran genau lesen. Denn er sagt, dass es den physischen Augen der Menschen unmöglich ist, Allah zu sehen. Dies ist der Grund, warum Allah dem Propheten Musa (s) sagte: *„Du kannst Mich nie sehen."* Kein Gläubiger kann behaupten, dass er Gott mit bloßen Augen gesehen hat, selbst die großen Gottkenner wie die Mystiker nicht.

Als eine ausführliche Antwort darauf möchte ich eine Geschichte von Imam Ali (s) zitieren, in der es genau um unsere Frage geht: Einmal sprach Imam Ali (s) in Kufa und ein Mann erhob sich vor ihm und fragte:

---

[65] 7:143.

„O Fürst der Gläubigen! Hast du deinen Herrn – von ihm du so sicher redest – gesehen?"

Der Imam antwortete: „Wehe dir! Ich habe keinen Herrn angebetet, den ich nicht gesehen habe!"

Der Mann war beredet und fragte nochmals: „O Amir-al-Muminin (also: O Fürst der Gläubigen)! Wie hast du ihn gesehen?"

Der Imam antwortete: „Die Augen sehen ihn nicht durch die Wahrnehmung des Sehens, aber Herzen sehen ihn durch die Wahrheiten des Glaubens.

Wahrlich, mein Herr ist gütig in Wohlwollen,
    doch er ist nicht beschrieben durch Güte;
groß in Größe,
    aber nicht beschrieben durch Mächtigkeit,
groß in Herrlichkeit,
    aber nicht beschrieben durch Stolz,
und erhaben in Erhabenheit,
    aber nicht beschrieben durch Größe.
Vor allem war er;
    es wird nicht gesagt, dass etwas vor ihm war.
Nach allem wird er sein;
    es wird nicht gesagt, dass er ein ‚danach' hat.
Er wollte (alle) Dinge,
    nicht durch Entschlossenheit (himma).
Er ist allerfassend,
    nicht durch irgendeinen Kniff.

Er ist in allen Dingen,
> aber nicht vermischt mit ihnen, noch von ihnen getrennt.

Er ist offensichtlich,
> nicht gemäß der Erklärung, unmittelbar (für die Sinne) zu sein;

manifest,
> nicht durch das Erscheinen eines Bildes (von ihm);

getrennt,
> nicht durch Entfernung;

nahe,
> nicht durch Annäherung;

fein,
> nicht durch Körperlichkeit;

existent,
> nicht nach Nicht-Existenz;

aktiv,
> nicht durch Zwang;

bestimmend,
> nicht durch Bewegung;

wollend,
> nicht durch Entschlossenheit;

hörend, nicht durch Werkzeuge; und
> sehend, nicht durch Organe.

Räume
> umfassen ihn nicht,

Zeiten
> begleiten ihn nicht,

Eigenschaften
> begrenzen ihn nicht, und

Schlummer
> ergreift ihn nicht."[66]

Diese Beschreibungen waren so gewaltig, dass der Fragende danach ohnmächtig zu Boden fiel. Als er wieder zu sich kam, sagte er: „Ich habe niemals solche Worte gehört. Ich werde niemals zu etwas von dem (was ich zuvor als nicht Moslem glaubte) zurückkehren."

Solche monotheistische Anschauung überzeugt die Mystiker, um wirkliches Tauhid nur darin zu sehen: Im Nichts-Anderes-Sehen als eben nur Gott. Alle anderen Stufen des Tauhids sind ihrer Auffassung nach nicht frei von Beigesellen neben dem erhabenen Schöpfer.

Das Organ bzw. das Körperteil, mit dem Mystiker zu dieser Erkenntnis gelangen, ist außer der Vernunft auch das Herz. Der Gehende auf dem Pfad der Mystik kann die ersten Vortreppen der mystischen Anschauung mithilfe des Verstandes beschreiten, aber die höheren Stufen, die zum Sehen des Angebeteten führen, braucht nur das Herz, weil das Herz die Heimstätte Gottes ist. Genauer gesagt, ist dieses Erkennen nicht mittels Verstand und Denken zu erreichen, sondern mit dem rei-

---

66 Nahdsch-ul-Balagha. 179. Predigt.

nen Herzen und dem aufrichtigen und unermüdlichen Bemühen, die in der Sprache der Mystik *geistige Reise* heißt. Auf dieser Reise benötigt man – neben der theoretischen Mystik – auch die praktische Mystik, um durch die Läuterung der Seele und Reinigung des Herzens sich ein Platz und ein Gebiet der Erscheinung der absoluten Einheit Gottes zu schaffen. Um dieses Ziel zu erreichen, muss der Gehende auf dem Pfad Gottes den moralischen Instruktionen folgen.

4. Glaubenstransfer

"Wahrlich, diejenigen, die glauben und gute Werke tun, sind die besten Geschöpfe."

(Hl. Koran 98:7.)

4.1. Einwurzeln in der Glaubenswelt

Im Zentrum von Mekka stand ein würfelförmiger Sakralbau, die Kaaba; sie war vom Erzvater Abraham (als Prophet des Monotheismus) und seinem Sohn Ismail über einem heiligen schwarzen Stein errichtet worden, als Symbol für den ursprünglichen Gottesglauben, die auf der Einheit Gottes basierte. Dieser Glaube setzte sich später in den abrahamitischen bzw. monotheistischen Religionen (Judentum, Christentum und Islam) fort.

Im Laufe der Geschichte und aus unterschiedlichen Gründen wurde der Abrahamsglauben schwach und es war fast nichts mehr von ihm übrig geblieben außer einer nebelhaften Erinnerung. Diese Erinnerungen wurden von einigen Männern gehütet, die noch eine Glaubensvorstellung von dem einen Gott und seiner Lehre hatten. Man nannte sie die Honafa, d.h. Wahrheitsucher. Zu ihnen gehörte der Prophet Mohammad (s), der von Gott berufen war, den Menschen durch die koranische Offenbarung die Religion Gottes zu verkünden und sie zu vervollständigen.

Die religionsgeschichtlich wohl bedeutendste Botschaft in der Sendung des Propheten Mohammads war die Lehre von *At-Tauhid*, der Einheit und Einigkeit bzw. Einzigkeit (*Wahdaniyah wa Fardaniyah*) Gottes. Ihre historische Relevanz gewann diese Lehre durch den Umstand, dass sie sich nicht nur gegen den damals vorherrschenden Polytheismus der arabischen Stämme richtete, sondern ebenso gegen das Trinitätskonzept, das sich aus dem Streit um die Natur Christi entwickelt hatte. Diese christliche Vorstellung erhob das „credo quia absurdum" (Tertullian) zu einer Glaubensmaxime und verdunkelte den klaren monotheistischen Gottesbegriff. Angesichts der klaren monotheistischen Gotteslehre verfinsterte diese Aussagen das jüdische Erbe und öffnete dem Irrationalismus Tür und Tor. Um diese Abweichung zu korrigieren und sie zum rechten monotheistischen Weg zu lenken, war eine Transformation notwendig.

Dem Koran zufolge und insbesondere durch das Wort des Tauhid predigte Prophet Mohammad (s) und die unfehlbaren Imame (s) von Anbeginn des Islams schon einen exklusiven Monotheismus und damit auch eine klare Gotteslehre. Schon am Anfang seiner Sendung wurde er vom erhabenen Schöpfer beauftragt, konsequent den einleuchtenden Ein-Gott-Glauben in kernigen Worten zu verkünden: *„Siehe, ich bin Allah.*

Es gibt keinen Gott außer Mir [...] "⁶⁷ Darum wurde folgende Formel zu Beginn seiner Berufung an zum liturgischen Höhepunkt in allen Pflichtgebeten der Muslime: *„Im Namen des Gnädigen Barmherzigen Gottes. Sag: Er ist Gott, ein Einziger. Gott, der immerdar von allen Angeflehte. Er hat weder gezeugt, noch ist er gezeugt worden. Und keiner ist ihm ebenbürtig."*⁶⁸

Der Islam hat dieses zentrale Fundament und diese Erkenntnis der prophetischen Offenbarungen zu einer Zentralaussage seines Glaubens gemacht, vor allem im Umfeld des massiven Götzendienstes der Frühzeit des Islam. Der islamische Monotheismus war ursprünglich eine vernünftige, klare Weisung gegen alle falschen Götter und Göttervorstellungen sowie eine Heilsbotschaft für alle Menschen. Dabei blieb es bis heute und ist nach wie vor die Basis des islamischen Glaubens.

Schon historisch gesehen war es also notwendig geworden, die Klarheit und Plausibilität eines angemessenen monotheistischen Gottesverständnisses wiederherzustellen. Außerdem war Teil der Berufung des Propheten Mohammads (s) diese monotheistische Anschauung weiter zu *transformieren*, um die prophetische Botschaft zu vervollständigen.

---

67 Hl. Koran 20:14.
68 Sure 112. Noch deutlicher sagt der Koran Folgendes: *„Ungläubig sind diejenigen, die sagen: Gott ist Christus, der Sohn der Maria."* (5:17)

Den Glauben der Propheten nannte man „Islam", d. h. Bekenntnis zu Gott und Hingabe für ihn. Der *Kernpunkt* dieses Glaubens ist der erhabene Schöpfer selbst. Gott, der Gepriesene, ist der einzige Besitzer, der alle guten Dinge besitzt. In vielen Koranversen klingt der Gedanke des Monotheismus deutlich mit. Der Leser sollte folgende Beispiele aufmerksam betrachten: *„Allah (ist Allah). Es gibt keinen Gott außer Ihm! Der Lebendige und Beständige, der Erhalter und Bewacher! Ihn überkommt weder Schläfrigkeit noch Schlaf (nicht einen Augenblick finden Sinnlosigkeit und Unachtsamkeit Zugang zu Ihm)! Ihm gehört alles in den Himmeln und alles auf der Erde! Wer könnte – außer mit Seiner Erlaubnis – bei Ihm Fürsprache einlegen? Er weiß, was vor und was hinter ihnen (den Geschöpfen) liegt. Sie (die Geschöpfe) aber besitzen nichts von Seinem Wissen – bis auf das, was Er will. Sein Herrschaftsthron reicht über Himmel und Erde! Und es fällt Ihm nicht schwer, diese zu bewahren! Er ist der Erhabene und Gewaltige."*[69]

Um die monotheistische Lehre weiter zu transformieren, musste der Koran die Dualität, Trinität und Quadrinität korrigieren, darum sprach der erhabene Schöpfer: *„Sie sagten: der Allbarmherzige Gott hat sich ein Kind zugelegt. Wahrlich ihr habt etwas Schreckliches verbrochen! Beinahe wären die Himmel (aus Ent-*

---

69 Hl. Koran 2:255.

setzen) darüber auseinandergeborsten und die Erde hätte sich fast gespalten, und fast wären die Berge in sich zusammengestürzt! (Und all das) weil sie Gott, dem Allbarmherzigen, ein Kind zugeschrieben haben, während es sich für Gott den Allbarmherzigen nicht gebührt, Kinder zu haben. Es gibt niemanden und nichts in den Himmeln und auf der Erde, außer dass sie alle (alle Kreaturen und Schöpfungen) dem Allbarmherzigen wie Diener unterworfen sind. Wahrlich, er hat sie alle einzeln gezählt und (alles über sie) in Zahlen erfasst."[70]

Die koranische monotheistische Anschauung wurde geschwächt und wie Imam Ali (s) es erzählte, war der Islam „ein Gefangener in den Händen der Übeltäter, man handelte darin nach Begierden und strebte darin nach dem niedrigen weltlichen Neigungen."[71] Dadurch war es nötig, diese Lehre durch die richtige monotheistische Lehre wieder zu korrigieren und zu ihrem ursprünglichen monotheistischen Zustand zu bringen. Deshalb lehnte der Schia-Islam es ab, Gott in irgendeiner menschlichen Gestalt zu charakterisieren oder ihn durch Skulpturen darzustellen. In unserer monotheistischen Anschauung haben die Behauptungen, dass Gott sich am siebten Tag ausgeruht hat, dass Gott

---

70 Ebd. 19:91–94.
71 Nahdsch-ul-Balagha. 53. Anweisung. (Regierungsauftrag an Malik al-Aschtar).

ein neidischer Verschwörer gegen die Menschheit sei, oder dass Gott in irgendeinem Menschen fleischgeworden sei, keinen Platz und müssen daher korrigiert und in die richtige Weise transformiert werden, ansonsten werden sie vom schiitischen Standpunkt aus als Gotteslästerung angesehen.

Dieser Glaubenstransfer, der die früheren Glaubensbekenntnisse zur transzendenten Anschauung erhöht, enthält grenzenlose Weisheit. Deshalb bestätigen Himmel und Erde und alles, was in ihnen ist, die Botschaft dieser heiligen Lehre, die aus der Quelle der Weisheit entspringt und unseren Durst nach Spiritualität stillt.

Um allen diese Weisheitslehre zugänglich zu machen, beschränkt der Schia-Islam *Tauhid* nicht nur auf die Einheit Gottes (Wahidiyah), auch nicht auf die Einzigartigkeit Gottes (Ahadiyah), sondern erweitert diese Lehre auch um seine Ewigkeit (Azaliyah, Abadiyah und Sarmadiyah, die zur *Samadiyah* führen). Darum streben alle Dinge nur in seine Richtung, einem Ziel entgegen einem, sie haben einen Ursprung und genau genommen auch nur eine einzige Existenz.

Das ist der Ursprung allen Glaubens und Religionen, der instinktiv allen Menschen bereits vor der Schöpfung mitgegeben wurde (Fitra), und jede Seele ist dazu geneigt, ihn zu suchen und anzubeten.[72] Das ist eigentlich

---

72 Der Grund, warum Menschen diesen instinktiven Glauben verlieren, liegt an der Vergesslichkeit des Menschen.

4.2. Von der Glaubenswelt zur realen Welt

Durch diese Studie haben wir gelernt, dass das einzige anbetungswürdige Wesen Gott ist. In diesem Sinne lesen wir im Hl. Koran: *„Und rufe neben Allah keine anderen Gottheiten an. Es gibt keine Gottheit außer Ihm. Alle Dinge werden vergehen, außer Seinem Angesicht. Sein ist die Herrschaft und zu Ihm werdet ihr zurückgebracht werden."*[73] Alle anderen Geschöpfe haben ihre Existenz von ihm und hängen von ihm ab. Das einzige, das bestehen bleibt, ist das Angesicht deines Herrn — (des Herrn) und alles, was darauf (auf der Erde) ist, wird vergehen.[74]

Deshalb werden Menschen auf diese Tatsache mit folgendem Hinweis aufmerksam gemacht: *„Oh ihr Menschen, ihr seid Bedürftige gegenüber Allah, Allah*

Die Propheten wurden geschickt, um die Menschen aus dieser Vergesslichkeit herauszureißen und sie zu erinnern („Dhikr").

73 28:88.
74 Hl. Koran 55:26–27.

aber ist Derjenige, der auf keinen angewiesen ist; dem aller Lobpreis gebührt."[75]

Die Schia-Muslime verstehen unter dem Anbeten vor allem eine Bekundung der Unterwerfung unter den Willen dieses Gottes. Diese bringen sie im Leben und insbesondere im Pflichtgebet durch ihre spirituelle Konzentration und Körperhaltung zum Ausdruck. Wir beten in dem Bewusstsein, dass „Gottes Wille geschehen" soll. „So Gott will" ist denn auch eine von Muslimen oft gebrauchte Redewendung, um anzudeuten, dass wir uns in voller Freiheit bemühen, aber nicht nur um unsere Begierde zu befriedigen, sondern um seine Pläne und sein Willen aufrichtig zu verwirklichen. Ein solcher Gläubiger wird von Imam Ali (s) gelobt, in dem er sagte: „Glücklich sei derjenige, der seine Handlung, sein Wissen, seine Zu- und Abneigung, sein Nehmen und Lassen, sein Reden und Schweigen, seine Tat und sein Wort rein auf Gott ausrichtet."[76] Das ist eben der Weg, durch den Menschen ihren Glauben vervollständigen können. In diesem Sinne sagte Imam Sadigh (s): „Derjenige, der aufrichtig Gottes wegen Liebe und Abneigung

---

75 Ebd. 35:15.
76 Allameh Madschlesi: Behar-ul-Anwar. Bd. 77, S. 289.
قالَ الإمامُ أميرُ الْمُؤمِنينَ عَلِيٌّ عليه السَّلام: طُوبى لِمَنْ أَخْلَصَ لِلَّهِ عَمَلَهُ وَ عِلْمَهُ
وَ حُبُّهُ وَ بُغْضَهُ وَ أَخْذَهُ وَ تَرْكَهُ وَ كَلامَهُ وَ صَمْتَهُ وَ فِعْلَهُ وَ قَوْلَهُ

hegt und Gottes wegen (den anderen) gibt, gehört zu denjenigen, deren Glauben vollkommen ist."[77]

Aufrichtige Umsetzung des Glaubens in der realen Welt ist ein gutes Zeichen des Überzeugtseins des Verstandes und der Vergewisserung des Herzens, die zur Erreichung des Wohlgefallen Gottes führt. Menschen, die diese Stufe erreichen, haben gewiss das Wohl der Welten genossen.

Außerdem gibt es sowohl im Koran als auch in der Sunna einige Kriterien, die uns sagen, ob der Glaube sich in unserem Leben verwirklicht hat bzw. ob er sich von der Glaubenswelt in unsere reale Welt übertragen hat. Sie sind im Grunde genommen auch gute Maßstäbe, um überzeugt zu sein, wie tief unsere monotheistische Anschauung sich in unserem Leben verwurzelte und wie effizient er unser reales Leben beeinflussen kann.

Sie sind gute Zeichen der Dienerschaft Gottes, die an sich Menschen aus jeglicher Dienerschaft befreien, die außerhalb der Dienerschaft Gottes stehen. Zudem erlangt der Mensch gleichzeitig die größte Stufe menschlicher Würde. Je mehr der Mensch seine Dienerschaft Gott gegenüber ausdrückt, desto mehr erlangt er Vollkommenheit, menschliche Würde und Nähe zu Gott. Dabei ist jedoch darauf hinzuweisen, dass Gott an dem

---

[77] Schaich Kolaini: Kafi. Bd. 2, S. 124.
قَالَ الإمامُ الصَّادِقُ عليه السَّلام: مَنْ أَحَبَّ لِلَّهِ وَ أَبْغَضَ لِلَّهِ وَ أَعْطَى لِلَّهِ فَهُوَ مِمَّنْ كَمُلَ إيمَانُهُ.

Ausdruck der Dienerschaft des Menschen keinen Genuss empfindet. Er ist unabhängig von diesen Dingen und steht weit über ihnen. Der Ausdruck der Demut, Dienerschaft, Aufrichtigkeit und andere Maßstäbe dienen vielmehr der Vervollkommnung des Menschen. Aus diesem Grund werden sie auch von Gott verlangt.

Es geht hier um eine Bereicherung des Lebens, um eine neue Dimension, die wir auch unseren Kindern anbieten wollen. Wie dies geschehen kann, wird uns im Folgenden näher beschäftigen.

Der Schia-Islam als eine intakte religiöse Anschauung kann einen ganz entscheidenden Beitrag dazu leisten, dass sich ein Mensch – egal Mann oder Frau, jung oder alt – gläubig entfaltet und dass in ihm die Botschaft von Gott auf fruchtbaren Boden fällt. Den Ruf für das Leben mit Gott können wir hier bereitstellen. Sie können, meine geschätzten Leserinnen und Leser, dann, wenn Sie Ihre Grundbedürfnisse oder die der anderen wahrnehmen und nach Möglichkeit befriedigen wollen, die folgenden Normen in Ihrem Leben praktizieren. Dann können Sie bald merken, dass das die verlorengegangene Methode war, nach der Sie schon lange gesucht haben. Man könnte hier eine ganze Reihe solcher Grundbedürfnisse aufzählen. Ich möchte mich auf einige Maßstäbe beschränken, jene nämlich, die mir für das Moslemwerden und Moslembleiben eines Menschen in besonderer Weise bedeutsam erscheinen:

4.2.1. Erkenntnis

Die Erkenntnis Gottes sagt, es ist jemand für mich da, sie schenkt Vertrauen – was, wie Imam Jawad sagte: „der Preis für alles Wertvolle und die Leiter für alles Vollkommene ist."[78]

Über Gott wird heute viel geredet, trotzdem nimmt der Glaube nicht zu. Gott erfahren die Menschen dann, wenn sie erleben: mein Schöpfer ist da, er existiert. Am Anfang wird das für alle Menschen nicht immer möglich sein, aber so oft es geht, soll man diese Erfahrung machen. Vor allem in Notlagen. Wenn jemand in Not ist und niemanden hat, auf den er sich verlassen oder mit ihm Zwiegespräche halten kann, ist Gott für ihn da. Das ist ein Weg, um zur Erkenntnis zu gelangen. Diese Kenntnis ermöglicht ihm ein richtiges Handeln im Leben.

Imam Jawad (s) sagte: „Derjenige, der ohne Wissen handelt, verdirbt mehr als er verbessert."[79] In einem Hadith von Imam Kazem (s) lesen wir: „Eine Gruppe von Muslimen sagte zu Imam Sadigh (s) folgendes: ‚Wir erbitten von Gott, doch unser Gebet wird nicht erhört'. Der Imam antwortet ihnen: ‚(Euer Gebet wird deshalb nicht erhört) weil ihr jemanden ruft, den ihr nicht kennt'."[80]

---

78 Allameh Madschlesi: Behar-ul-Anwar. Bd. 78, S. 364.
79 Ebd. 78, S. 364.
80 Ebd. Bd. 90, S. 368.

Hier weist der Imam darauf hin, dass eine der Bedingungen zur Erfüllung des Bittgebets die richtige Erkenntnis über Gott ist. Wenn jemandem diese Erkenntnis fehlt, dann ist es, als ob er jemanden bittet, den er gar nicht kennt. Denn ohne jemanden zu kenne, weiß man nicht, wen man anredet und an wen er seine Rede zuwendet.

Umgekehrt ist eine richtige „Erkenntnis Gottes – wie Imam Sadegh sagte – Gesellschaft bei jeder Verlassenheit, Gefährte bei jeder Einsamkeit, Licht bei jeder Dunkelheit, Kraft bei jeder Schwäche und Heilung von jeder Krankheit."[81] Die Erkenntnis Gottes soll nicht nur Buchstaben bleiben, sondern soll in uns Geist und Seele werden, um dem Gläubigen sowohl im Diesseits als auch im Jenseits zu begleiten. Diesbezüglich weist Imam Zain-ul-Abedin (s) auf Folgendes hin: „Nichts ist Allah lieber, nachdem man Ihn erkannt hat, als den Bauch (von verbotenen Essen und Trinken) und die Scham zu bewahren."[82]

Gleichzeitig gibt es einige wichtige religiöse Pflichten, die Zeichen der richtigen Kenntnisse sind. Wenn ein Gläubiger sich so verhält, kann er sicher sein, dass seine Kenntnisse richtig sind. In einem Hadith sagte Imam Kazem (s): „Das Beste, mit dem sich ein Diener an Allah annähert, nachdem er Ihn erkannt hat, ist das

---

81 Schaich Kolaini, Kufi. Bd. 8, S. 247.
82 Schaich Hassan Harrani, Tuhaf-ul-Uqul. S. 282.

(rituelle) Gebet, Güte gegenüber den Eltern und das Unterlassen von Neid, Selbstgefälligkeit und Prahlerei."[83]

4.2.2. Schamhaftigkeit

„Wisse, dass du der Aufsicht Allahs nicht entgehst. Achte also darauf, wie du sein wirst", sagte Imam Dschawad.[84] Die beste Gottbegegnung erfährt ein gläubiger Mensch also, wenn er sich in Gegenwart Gottes befindet. Durch die Anwesenheit von Gott und in der Zuwendung, die er dem Gläubigen schenkt, gelangt er in eine Situation, in der er die Gottesnähe verspürt. Ein Gläubiger, der diese liebende Zuwendung nicht erfahren hat, wird wohl später aus rationalen Gründen sich dazu entscheiden, den einen oder anderen Glaubensakt zu setzen. Von Herzen glauben können wird er aber nicht. Die Erfahrung hat ihn eines anderen belehrt, nämlich die Wahrnehmung der Anwesenheit Gottes, die ihn aus verschiedenen Gründen, aber vor allem aus Schamhaftigkeit a. verhilft, die Gebote Gottes zu verwirklichen und b. verhindert, ihn die Sünden zu begehen. Darum werden die Gläubigen – und auch alle anderen – Menschen vom Propheten Mohammad (s) gebeten, sich schamhaft in Gegenwart Gottes zu benehmen. In einem Hadith sagte der Gesandte Gottes (s):

---

83 Ebd. S. 391.
84 Ebd. S. 455.

„Übe Schamhaftigkeit und Sittsamkeit vor Gott, so wie du es vor rechtschaffenen Persönlichkeiten deiner Gemeinde tust."[85]

4.2.3. Gedenken

Menschen, die keine richtige Vorstellung von Gott haben und die hinsichtlich des Glaubens an Gott in der Familie oder Schule zu kurz gekommen sind, neigen zur Sucht. Sie suchen irgendwo einen „Pseudo-Gott". Weil sie instinktiv dazu geneigt sind, können sie nicht aufhören zu suchen. Diejenige, die des richtigen Denkens mächtig sind, werden einfacher den Weg zum erhabenen Schöpfer finden, aber diejenigen, die den logischen und rationalen Pfad nicht gegangen sind, fallen häufig durch und gehen auf die Suche nach Pseudo-Göttern. Um Menschen den richtigen Weg, d.h. Serat-ol-Mostagim – wie der Koran im ersten Sure sagt – zu ebnen, lädt der Schia-Islam alle, insbesondere die Gläubigen ein, um über dieses Thema nachzudenken. Je tiefer das Gedenken, desto tiefer der Glaube. Dieses Thema genießt im Schia-Islam eine so hohe Stellung und Würde, dass selbst Imam Ali (s) seinem Sohn, Imam Hassan (s),

---

85 Allameh Mirza Hossain Noori, Mustadrak-ul-Wasa'il. Bd. 8, S. 466, Nr. 10027.
قالَ رَسُولُ اللهِ صلّى الله عليه و آله: اِسْتَحى مِن اللهِ كَما تَسْتَحى مِنَ الرَّجُلِ الصّالِحِ مِنْ قَوْمِكَ.

Folgendes empfahl: „Ich empfehle dir, gottesfürchtig zu sein, Seine Weisungen zu befolgen, *dein Herz durch das Gedenken an ihn zu beleben* und an seinem Haltetau festzuhalten. Welche Verbindung könnte fester und sicherer sein als die, zwischen dir und Gott, wenn du daran festhältst.[86] Das ist – wie Imam Sadigh sagte – eigentlich einer der Hauptmerkmale der Anhänger des Schia-Islam: „Unsere wahren Anhänger sind diejenigen, die, wenn sie alleine sind, Allahs reichlich gedenken."[87] Es ist wichtig, wenn die Gläubigen alleine sind und wenn es da keine Barriere gibt Sünden zu begehen, an die Allgegenwart Gottes zu denken, sich seiner Anwesenheit zu vergegenwärtigen und ihn nicht aus dem Herzen zu verlieren. Das ist eben die beste Art, Gottes zu gedenken.

4.2.4. Ehrfurcht

Vom Propheten wird berichtet, dass er sagte: „Wenn jemand Allah fürchtet, dann lässt Er alle Dinge ihn fürchten, und wenn jemand Allah nicht fürchtet, dann

---

86 Nahdsch-ul-Balagha, 31. Brief, S. 391.
قَالَ الْإِمَامُ أَمِيرُ الْمُؤْمِنِينَ عَلِيٌّ عليه السَّلَام: فَإِنِّي أُوصِيكَ بِتَقْوَى اللهِ أَيْ بُنَيَّ وَ لُزُومِ أَمْرِهِ، وَ **عِمَارَةِ قَلْبِكَ بِذِكْرِهِ**، وَ الْإِعْتِصَامِ بِحَبْلِهِ، وَ أَيُّ سَبَبٍ أَوْثَقُ مِنْ سَبَبٍ بَيْنَكَ وَ بَيْنَ اللهِ إِنْ أَنْتَ أَخَذْتَ بِهِ.
87 Allameh Madschlesi: Behar-ul-Anwar. Bd. 93, S. 162.

lässt Er ihn alle Dinge fürchten."⁸⁸ In diesem Sinne sagte Imam Sadegh (s): „Der Gläubige ist der, den alles fürchtet. Dies deshalb, weil er in der Religion Gottes Größe und Gewicht hat. Er aber fürchtet sich vor nichts (außer Gott). Das ist das Kennzeichen eines jeden Gläubigen."⁸⁹ Der Imam sagte auch: „Wahrlich, wenige Taten, die mit Gottesfurcht einhergehen, sind besser als viele Taten ohne Gottesfurcht."⁹⁰ Auch Imam Dschawad (s) sagte: „Denjenigen, dessen Reichtum Allah ist, brauchen die Menschen. Derjenige, der Ehrfurcht vor Gott hat, wird von den Menschen geliebt."⁹¹

4.2.5. Zufriedenheit

Zufriedenheit im Glauben wird dem Gläubigen durch die Sicherheit vermittelt, die er durch die Vergewisserung erhalten hat. Die Vergewisserung ist die Repräsentantin der Sicherheit und gleichzeitig der Garant der Zufriedenheit. Dort, wo die Gläubigen mit Vergewisserung die Anwesenheit des Schöpfers erleben, erfahren

---

88 Allameh Mirza Hossain Noori, Mostadrak-ul-Wasael. Bd. 11, S, 229, Nr. 12821.
89 Allameh Madschlesi: Behar-ul-Anwar. Bd. 64, S. 305.
90 Schaich Kolaini: Kafi. Bd. 2, S. 76.
91 Seyyd Mohammad Al-Hosaini Al-Ghazwini (Hrg.), Moaosooat-ul-Emam Al-Dschawad, Bd. 2, S 329.

sie Sicherheit. Durch diese Art von Glauben kann im Menschen Vertrauen entstehen.

Die Zufriedenheit ist es, die das gläubige Hoffen von der Wurzel her ermöglicht. Sie soll den Menschen einführen von der Welt des Glaubens in die Welt der Gegenstände, die so oft eine Welt der Widerstände ist. Durch sie soll der gläubige Mensch in dieser realen Welt stehen, bestehen lernen, ein Bestehen, das auf Gehorsam basiert, aber nicht ihm gegenüber. Gehorsamkeit Gott gegenüber genießt eine so hohe Stelle in der schiitischen Tradition, dass Imam Ridha (der achte Imam) sagte: „Selbst wenn Allah den Menschen nicht mit Paradies und Feuer gewarnt hätte, wäre es ihnen dennoch Pflicht, Ihm zu gehorchen und nicht ungehorsam Ihm gegenüber zu sein, wegen seiner Gunst zu ihnen und Seiner Wohltat ihnen gegenüber; und aufgrund dessen, was Er ihnen von Sich an Gaben geschenkt hat, was sie nicht verdient haben."[92]

---

92 Allameh Madschlesi: Behar-ul-Anwar. Bd. 71, S. 174. Darum sagte Imam Dschawad (s): „Wisset, dass Allah, Gesegnet und Erhaben ist Er, der Langmütige [Halim] und Wissende [Alim], wahrlich zornig wird gegenüber dem, der Seine Zufriedenheit nicht annimmt. Gewiss hält Er (seine Gaben) von jenem zurück, der Seine Gaben nicht annimmt. Wahrlich lässt Er denjenigen irregehen, der Seine Rechtsleitung nicht annimmt." Allameh Madschlesi: Behar-ul-Anwar. Bd. 78, S. 359.

In der islamischen Tradition ist Zufriedenheit so eng mit Gehorsam verbunden, dass Imam Bagher (s) sagt: „Gewiss hat Allah drei (Dinge) in drei (anderen) versteckt. Er hat seine *Zufriedenheit* in dem *Gehorsam* Ihm gegenüber versteckt. Deshalb schätze nichts von (diesem) Gehorsam gering, denn vielleicht steckt darin Seine Zufriedenheit."[93] Auch Imam Ridha sagte diesbezüglich: „Die Glaubensüberzeugung [Iman] hat vier Säulen: Sich auf Allah zu verlassen [Tawakkol], zufrieden zu sein [Ridha] über das Urteil Allahs, sich dem Befehl Allahs hinzugeben [Taslim] und (für sich) Allah zu ermächtigen [Tafwidh]."[94] In diesem Sinne sagte Imam Hadi (s): „Wer dem Schöpfer (selbst) gehorcht, den stört nicht die Empörung der Geschöpfe (gegen seinen Gehorsam). Jener, der den Schöpfer empört, soll sich gewiss sein, dass die Empörung der Geschöpfe ihn erreichen wird."[95]

Manchmal ergeben sich Konflikte zwischen zwei Arten von Zufriedenheiten, nämlich der des Schöpfers

---

93 Ebd. Bd. 78, S. 188. Diese Überlieferung geht so weiter: „Auch hat Er Seinen Zorn in der Ungehorsamkeit Ihn gegenüber versteckt. Deshalb schätze nichts von (diesen) Ungehorsamkeiten gering, denn vielleicht steckt darin Sein Zorn. Er hat seine Auliya (Freunde) unter Seinen Geschöpfen versteckt, deshalb verachte niemanden, denn er könnte der Nächste (zu Allah) sein."
94 Ebd. Bd. 78, S. 338.
95 Schaich Hassan Harrani, Tohaf-ul-Oghool. S. 482.

und der des Menschen. In diesen Fällen muss man die des Schöpfers bevorzugen, nicht die des Menschen, weil darin auch das Interesse des Menschen besteht. „Die Belohnung von den Menschen kommt nach der Belohnung durch Allah, und die Zufriedenheit der Menschen kommt nach der Zufriedenheit Allahs" sagte Imam Dschawad (s).[96] In einem Hadith wird Folgendes berichtet: „Ein Mann aus Kufah schrieb Imam Hossain, und fragte ihn bezüglich des Wohls dieser und jener Welt. Der Imam (s) antwortete: ‚Im Namen Gottes, des Allerbarmers, des Barmherzigen. Gewiss, jemand, der sich durch das Streben nach dem Zufriedenheit Gottes, den Zorn der Menschen auf sich lädt, den wird Gott von den Angelegenheiten der Menschen unabhängig machen. Jemanden aber, der sich durch das Streben nach dem Zufriedenheit der Menschen, den Zorn Gottes auf sich lädt, den wird Gott den Menschen überlassen. Wa-s-Salam'."[97]

Von Imam Hossain (s) wird auch berichtet, dass er gesagt habe: „Wer etwas durch Ungehorsam gegenüber Allah versucht zu erledigen, der verpasst noch eher das, was er erhofft, und ihm stößt das schneller

---

96 Allameh Madschlesi: Behar-ul-Anwar. Bd. 78, S. 360.
97 Ebd. Bd. 68, S. 208.

قالَ الإمامُ الحُسَينِ عليه السّلام: مَن طَلَبَ رِضَى الناسِ بِسَخَطِ اللهِ كَفاهُ اللهُ أُمُورَ الناسِ و مَنْ طَلَبَ رِضَى النّاسِ بِسَخَطِ اللهِ وَكَّلَهُ اللهُ إلى النّاسِ.

zu, was er befürchtet."⁹⁸ Die Gefahren auf diesem Weg sind verschieden, eine von denen ist, dass Gott solche Menschen anderen Menschen überlässt, und es ist klar, wenn jemand die Unterstützung des Schöpfers verliert, verliert er vieles.⁹⁹ Bezüglich dieser Gefahr sind alle – wie Imam Hossain (s) sagte – ob Individuen und Gesellschaften gleich: „*Einem Volk, das die Zufriedenheit der Geschöpfe mit dem Zorn Allahs erkauft, ist kein Erfolg beschieden.*"¹⁰⁰

4.2.6. Dankbarkeit

Die monotheistische Anschauung basiert auch auf Dankbarkeit und wie Imam Ali (s) sagte: „Der gottesfürchtige Mensch verbringt seinen Tag in Dankbarkeit zu Gott und die Nacht mit Gottesgedenken. Er ist besorgt, seine Pflichten nicht zu vernachlässigen und er ist erfreut über den Segen und die Gnade Gottes, die ihm zuteil geworden sind."

---

98 Schaich Hassan Harrani, Tohaf-ul-Oghool. S. 248.
99 Über dieser Gefahr der Entfremdung sagte Imam Hossain (s): „Wer nach der Zufriedenheit der Menschen verlangt, indem er Allah erzürnt, den überlässt Allah den Menschen." Allameh Madschlesi: Behar-ul-Anwar. Bd. 78, S. 126.
100 Ebd. Bd. 10, S. 189.

Von der Glaubenswelt zur realen Welt

Gott zu danken und Ihm zu gedenken, gehören zu den ersten Pflichten des gläubigen Diener Gottes. Der erhabene Schöpfer sagt im Hl. Koran: „Darum gedenket Meiner, dann will Ich euer gedenken, und danket mit, und seid nicht undankbar gegen mich."[101] Das Wesen der Dankbarkeit ist *erstens* das Erkennen der Huld des erhabenen Gottes. Imam Dschafar Sadigh (s) sagt: „Wer die Huld und Gabe Gottes mit seinem Herzen wahrnimmt, drückt damit seine Dankbarkeit aus."[102] Der Imam sagt weiter: „Wenn ein Diener die Gnade Gottes, die ihm zuteilwird, erkennt und wahrnimmt, dass diese von Gott stammt, begnadigt ihn Allah, bevor der Diener ihm dafür dankt."

Diese Überlieferungen weisen darauf hin, dass die Substanz der Dankbarkeit in erster Linie das Erkennen seiner Gnade ist und daher die wahrhaft Dankbaren gering an der Zahl sind. In diesem Sinne sagt der Hl. Koran: *„Und nur wenige von meinen Dienern sind dankbar."*[103] Denn erstens, wie der Koran sagt, sind die Gaben Gottes nicht zählbar: *„Und wenn ihr Allahs Wohltaten aufzählen wollt, ihr würdet sie nicht beschreiben können,"*[104] und zweitens ist nicht jeder Diener Gottes imstande, das Wesen seiner Gnade und

---

101 2:153.
102 Schaich Kolaini, Kafi. Bd. 2, S. 96.
103 34:14.
104 14:35.

ihren Wert zu erkennen. In diesem Sinne sagte Imam Hossain (s) am Tag von Arafa: „Oh mein Gott, wenn ich versuchte in meinem ganzen Leben, falls ich auch ewig lebte, Dir nur für eine Gabe von Dir gebührend zu danken, wäre ich dazu nicht imstande, außer dass Du mir wieder Gnade erweist, Deiner Gabe gebührend zu dankbar zu sein und diese erforderte erst neue Dankbarkeit."[105] Deshalb ist es auch (nahezu) unmöglich, ihm für seine Gnade gebührend Dank auszusprechen.

Das Wesen der Dankbarkeit ist *zweitens* nicht nur die mündliche Danksagung, sondern das Fernhalten von Sünden und Verbotenem. Sowohl Imam Ali (s) als auch Imam Sadegh sagten: „Die Dankbarkeit für die Gnade Gottes ist das Vermeiden von allem, was Gott verbietet."[106] *Drittens* erfordert wahre Dankbarkeit, seine Gnade für etwas, das Gottesnähe mit sich bringt, zu nutzen. *Viertens* bedeutet wahre Dankbarkeit immer wieder die Dankbarkeit auszusprechen. In diesem Sinne sagte Imam Sadigh (s): „Die Vervollkommnung der Dankbarkeit (für die Gaben Gottes) ist, wenn man sagt: ‚Gelobt sei Gott, der Herr der Welten'."[107] So sagt Imam Sadschad (s) in seinem sechsten Bittgebet von der Sammlung der fünfzehn Bittgebete: „Oh Gott, wie

---

105 Allameh Madschlesi: Behar-ul-Anwar. Bd. 95, S. 216.
106 Schaich Kolaini, Kafi. Bd. 2, S. 95.
107 Ebd.

wenig ist mein Dank für Deine Gnaden und Liebe und wie unangemessen ist meine Lobpreisung für Deine Ehrung." Er sagt weiter: „Oh Gott, ich bin nicht imstande Deine zahlreichen Gunsterweisungen aufzuzählen und mein Wahrnehmungsvermögen ist zu schwach, um Deine Gnaden zu erfassen. Wie ist es mir denn möglich Dir zu danken, wenn doch Dir zu danken an sich noch einen Dank fordert. Wenn ich sage, ‚Lobpreis sei Gott', muss ich dafür, dass Du mir dieses Wort eingehaucht hast, sagen ‚Lobpreis sei Dir!'"[108]

Nach der obigen Definition über das Wesen des Dankes und dessen dringlicher Notwendigkeit und der Unumgänglichkeit der Dankbarkeit für seine unendliche Gnade wundern wir uns nicht, wenn die vollkommenen Menschen ihre Tage und Nächte damit verbringen, Gott zu danken. Natürlich dürfen wir auch nicht vergessen, dass man nach den islamischen Richtlinien auch für die Zuwendungen und liebevolles Verhalten der anderen dankbar sein muss, denn nach einer Überlieferung des Imam Ridha (s) heißt es: „wer sich für die Güte seiner Mitmenschen nicht dankbar zeigt, der unterlässt die Dankespflicht gegenüber seinem Schöpfer."[109] Nicht

---

108 Siehe dazu: Bittgebete (Arabisch-Deutsch). Ansarian Publication, Qum/Iran, 1996, S. 87-88. (Die Übersetzung weicht aber von meiner ab.)
109 Schaich Sadoogh, Oyoono Akhbarare Ridha. Bd. 2, S. 24.

zuletzt sei die Aussage des Hl. Koran erwähnt: „Wenn ihr dankbar seid, so will ich euch fürwahr mehr geben; seid ihr aber undankbar, dann ist meine Strafe wahrlich streng."[110]

4.2.7. Vertrauen

Es gibt viele Möglichkeiten, wie der Glaube einem Gläubigen Sicherheit vermitteln kann, etwa dadurch, dass er ihm auf die Mächtigkeit, Barmherzigkeit und Liebe Gottes aufmerksam macht. Oder indem er ihm durch das Leben begleitet und von der Dunkelheit zum Licht der Welt begleitet. Wie köstlich ist die Phase, in der der Glaube das Böse noch bannen kann! Es wird später so viel Böses auf den Menschen zukommen, und er wird nicht mehr die Macht besitzen, es zu bannen, genau in diesen Fällen gibt ihm der Glaube an die Unterstützung Gottes Trost. Er wird mit Zuversicht und Vertrauen an das Leben herangehen. Angst und Zweifel werden den Menschen verunsichern und sein Leben erschweren.

Im Menschen, der an der Seite der plausiblen monotheistischen Anschauung Sicherheit erfährt, entsteht Selbstvertrauen, Weltvertrauen und Gottvertrauen. Selbstvertrauen: Das Kind wird sich selbst etwas zutrauen und so fähig werden, aus seinem Leben etwas

---

110 14:7.

zu machen. Weltvertrauen: Es wird optimistischer in dieser Welt stehen und so mit seinem Leben besser zurechtkommen. Gottvertrauen: Es wird lernen, sich vertrauensvoll der Führung einer Vaterhand auch im übertragenen Sinn zu überlassen.

4.2.8. Liebe

So wie die Sicherheitserfahrung für einen geglückten Start notwendig ist, muss auch das menschliche Bedürfnis nach Liebe erfüllt werden. Dazu trägt zunächst einmal die Atmosphäre sowohl in der Familie als auch in der Gesellschaft bei. Menschen müssen sich angenommen fühlen. Durch die Liebe nimmt man mich an, wie ich bin. Und zwar zuerst so wie ich bin, nicht wie ich nach dem Wunschbild der anderen zu sein habe. So nimmt mich der erhabene Schöpfer an. Nach dieser existenziellen Aufnahme wird im Menschen die Funken des Vertrauens und der Liebe – als Frucht der monotheistischen Anschauung – wach.

Im Menschen gibt es so etwas wie eine Urleidenschaft nach Geliebtwerden und dieses Geliebtwerden muss er in einer existenziellen Aufnahme erspüren, ertasten und erfahren. Zur Liebeserfahrung eines Gläubigen gehört auch, dass er sieht, wie andere Gemeinde- und Familienmitglieder und insbesondere Vater und Mutter sich gernhaben. Er soll sich ja erkennen als Frucht der elterlichen Liebe. Deshalb soll er erleben, dass die

Eltern zueinander zärtlich sind, dass sie sich gute Worte, Aufmunterungen und Komplimente sagen. Dies gilt genauso in den gesellschaftlichen Affären: Jeder soll die Gelegenheit haben zu spüren, dass die Gläubigen füreinander Zeit haben, aufeinander Rücksicht nehmen und sich gegenseitig helfen.

Nur ein Mensch, der in dieser Weise Liebe erfahren hat, wird selbst fähig sein, zu lieben. Hier liegen die Wurzeln für jede Art menschlichen Lebens: Elternliebe, Kindesliebe, Gattenliebe, Bruderliebe, Gottesliebe.

Die Erfahrung der Liebe ist auch ein Trost für den Gläubigen. Ein solcher Mensch wird es auch aushalten, wenn er einmal eine Einbuße an Liebe erfährt. Er wird es durchstehen, wenn es in der Ehe einmal Spannungen gibt. Er wird sich nicht eifersüchtig an den anderen klammern, nur weil er Angst hat, allein gelassen zu werden. Er wird letztlich auch imstande sein, gläubig zu lieben – im Sinne des Islam –, auch dort, wo seine Liebe vielleicht ohne Erwiderung bleibt.

Es ist wichtig zu wissen, dass je jünger der Mensch ist, umso effektiver wird die Liebe, weil sein Herz noch nicht von Hässlichkeiten und Feindschaften erfüllt ist. Ein poliertes Herz reflektiert Gottes Liebe transparenter und wird selbst ein Zeichen der göttlichen Barmherzigkeit für die ganze Schöpfung, natürlich nicht aus eigenem Interesse, sondern als Zeichen Gottes für die Liebe, weil in der monotheistischen Anschauung keine

Dualität in der Liebe existiert, ansonsten wäre sie weder monotheistisch, noch Liebe!

Liebe kommt nur Gott zu, und diejenigen, die andere Geschöpfe lieben, lieben eigentlich Gott. Man denke, wenn er eine Gottheit anbetet, betet er eine andere als Gott, den Erhabenen, an, aber wenn er es genauer betrachtet, findet er, dass er nur und nur Gott anbetet. Eine plausible Gotteserfahrung ist eine Liebeserfahrung, die nur dem Erhabenen gebührt und es gibt keinen erhabenen außer Gott.

Und selbst Allah, der All-Erhabene, *bezeugt* seine eigene Einheit in den Worten: „*Allah bezeugt, dass es keine Gottheit gibt außer Ihm und die Engel und die, die Wissen besitzen (bezeugen es), fest gegründet in Gerechtigkeit: ‚es gibt keine Gottheit außer Ihm, dem Mächtigen, dem All-Weisen'.*"[111]

---

111 Hl. Koran 3:19.

5. Schlusspunkt: Unruhig zu Gott

„*Himmlischer Lernweg*" war ein Versuch, unsere Studierenden in Wien auf die Hauptthemen der schiitischen monotheistischen Anschauung aufmerksam zu machen und ihre Hauptmerkmale darzustellen. Ich bin mir sowohl der Erhabenheit des Schöpfers auf der einen Seite als auch meiner eigenen Schwäche auf der anderen Seite bewusst und weiß, dass es besser gewesen wäre, wenn ich dieses Thema nicht behandelt hätte. Was kann ich im Bereich des Monotheismus aus der Sicht des Schia-Islam sagen, wenn Imam Hossain (s) sagte: „Wie kann mit etwas auf Dich (oh Allah) hingewiesen werden, das in seiner Existenz Deiner bedürftig ist? Soll denn anderes sichtbarer sein als Du es bist, so dass es Dich zeigt? Wann warst Du verborgen, dass Du eines Hinweises benötigtest, der auf Dich zeigt? Und wann warst Du entfernt, dass die Spuren (Deiner Taten) zu Dir führten? Blind ist das Auge, das Dich nicht als seinen Wächter sieht!"[112]

Obwohl ich und meine lieben Zuhörer – nun Leser – ohnmächtig und unfähig sind, Gott, den Erhabenen, zu beschreiben, sind wir alle davon überzeugt, dass wir

---

112 Dua-ol-Arafeh. Siehe dazu: Allameh Madschlesi, Behar-ul-Anwar, Bd. 98, S. 226.

ihn gefunden haben, und das ist alles, was wir von den *Wiener Schia-Islam-Vorlesungen* erwartet haben. Und gemeinsam mit Imam Hossain (s) sagen wir nun: „(Oh Allah), was hat der gefunden, der Dich verloren hat? Und was hat der verloren, der Dich gefunden hat? Wer mit etwas anderem als mit Dir zufrieden ist, der ist verloren."[113]

Durch diese Vorlesung haben wir vor allem uns gefunden und dieses Selbstfinden befähigt uns, dass wir nie verloren gehen werden! In diesem Sinne sagte Imam Jawad (s): „Wie würde denn jemand verloren gehen, dessen Garant Allah ist?! Und wie würde denn jemand gerettet werden, dessen Verfolger Allah ist?!"[114]

Glauben, Hoffen und Lieben entspringen und leben auch aus dieser Erfahrung. So kann man nicht mit jemandem über Glauben reden, der nie Glaubwürdigkeit erfahren hat, jemand Hoffnung künden, der von früher Kindheit an mit Enttäuschung gefüttert wurde, jemand den liebenden Gott predigen, der gar nicht weiß, wie es ist, geliebt zu werden. Einem solchen Menschen fehlt das Gefühl für diese Botschaft.

Ein erfahrener Lektor / eine erfahrene Lektorin kann mithilfe seiner / ihrer Methode Menschen für religiöse Glaubenserziehung sensibilisieren. Es ist schon richtig,

---

113 Ebd. S. 228.
114 Azizollah Otaredi, Mosnad-ol-Emam-el-Dschawad. Mashhad/Iran, 1991, S. 243.

dass sie viel früher beginnt, als wir meinen. Sie beginnt schon dort, wo die Eltern zum ersten Mal dem Kind die Hände falten. Auch dort, wo eine Geschichte aus dem Koran erzählt wird. Schon dort, wo die Eltern verheißend den Zeigefinger erheben und sagen: „Achtung, wir befinden uns in Gegenwart Gottes, lieber Gott sieht uns, der sieht alles!" All das ist richtig, trotzdem brauchen unsere Jugendlichen und selbst wir auch eine *Schulung*.

Durch diese Studie ist uns klargeworden, dass Glauben, Hoffen und Lieben schon „lehrbar" sind. Man kann es allen „beibringen", durch so kluge durchdachte Methoden, auch durch gekonnte Unterweisung.

Außerdem ist hier die Erfahrung sehr wichtig, weil Glaubenserziehung dort beginnt, wo das Kind abbildhaft in Vater und Mutter die Erfahrung göttlicher Liebe und Sorge macht. Ein solches Kind ist bereit für die Begegnung mit Gott im Glauben. Vielleicht ist es leichter, solche Kinder religiös zu erziehen. Aber andere Kinder und erwachsene Menschen sind davon nicht ausgeschlossen. Wir haben uns aber aufgrund unserer Erfahrung und Ausbildungsmethode dieser Aufgabe gestellt und sie nach besten Kräften zu erfüllen versucht.

Ich möchte Sie daher zum Schluss bitten: Bleiben Sie offen und zuversichtlich. Es ist die Voraussetzung, dass Sie Kinder und Jugendliche auf ihrem Glaubensweg begleiten können.

Bleiben Sie aber vor allem froh und zuversichtlich in dem Wissen, dass Gott Heil wirkt auch in unserer Zeit, wo vom *Tod Gottes* die Rede ist. Gott kann sich auch durch uns und durch unsere Aufklärungen bei unseren Kindern zeigen – selbst dann, wenn Unsicherheit und Verwirrung sich mehr und mehr auszubreiten scheinen.

Und was immer die Zukunft bringen mag – es kann uns letztlich gar nichts passieren, denn: Die Liebe Gottes ist uns durch die Propheten und insbesondere im Hl. Koran unverbrüchlich zugesprochen. Er selbst hat uns gesagt: „Ich bin bei euch, wo auch ihr seid."[115] Ein lebendiger Glaube, eine sich immer erneuernde Hoffnung und die Liebe, die nicht müde wird und Menschen ***unruhig zu Gott*** macht sind Früchte dieses *Lernwegs zum Schia-Islam*.

---

115 Siehe dazu: Hl. Koran 57:4.

6. Literaturverzeichnis

6.1. Quellen

6.1.a. Koranübersetzungen

- Henning, M.: Der Koran. Übersetzung, Einleitung und Anmerkungen von A. Schimmel, Philipp Reclam Jun, Stuttgart 1970.
- Paret, R.: Der Koran. Übersetzung, Kommentar und Konkordanz, Kohlhammer 5. Aufl. Stuttgart 1989.
- Rückert, Friedrich: Der Koran. Übersetzung von 1787. 2 unver. Aufl. Würzburg 1996.
- Ullman, L.: Der Koran. Das heilige Buch des Islam; neu bearbeitet und erläutert von L. W.- Winter; der Goldmann Verlag, München 1990.

6.1.b. Koranexegese

- Al-Askari, Imam Hassan (s), Tafsiro Fatehatelketab. Teheran/Iran, Kaabah 1982.
- Soyooti, Dschalal-ud-Din: Dorr-ul-Manthoor.
- Tabatabai M.-H.: Al-Mizan fi Tafsir-el-Koran, Qum/Iran, 1982.
- Tabari, Mohammad-ibn-Dscharir: Dschame-ul-Bayan. Kairo, Egypt, 2001.

6.1.c. Hadithsammlungen

- Amin, Schaich Mohsen: Aýan-u-Schia, Beirut/Libanon, 1980.
- Ameli, Schaich Horr: Wasail-u-Schia fi ahwal al Scharia. Aal-ul-Bait, Qum/Iran, 1982.
- Amodi, Abdolwahed ben Mohammad: Gurar-ul-Hikam wa Dorar-ul-Kalem, Teheran/Iran, 1961.
- Asghalani, Ebn Hadschar: Fath-ul-Bari. Dar-ul-Kotob al Elmiyeh, Beirut, Libanon).
- Barghi, Abu Dschafar: Mahasen, Qum/Iran, 1994.
- Bokhari, Abu Abdollah Mohammado-bno-Esmail: Beirut/Libanon, 2006.
- Fagqih Imani, Sayyid Kamal: Der sichere Pfad. Eine Auswahl von Überlieferungen des Propheten Muhammad und seiner reinen Familie. Isfahan/Iran, 2002.
- Harrani, Schaich Hassan: Tohaf-ul-Oghool, Qum/Iran, 2001.
- Ibn-Hanbal, Ahmad: Mosnad. Beirut/Libanon, 1993.
- Kolaini, Schaich Mohammad-ibn-Jaghoob: Osool-ul-Kafi. Islamiyeh, Teheran/Iran 1982.
- Madschlesi, (Allameh) M. B.: Behar-ul-Anwar, (111 Bände), 2. Aufl., Moasseseh Al Wafa`, Beirut 1982.
- Moslem, Nishaburi: Sahih, Kairo/Ägypten, 1996.

- Noori, Mirza Hosain: Mostadrak-ul-Wasail, Qum/Iran 1986.
- Otaredi, Azizollah: Mosnad-ol-Emam-el-Dschawad. Mashhad/Iran, 1991.
- Qumi, Scheich Abbas: Mafatih-ul-Dschenan, Qum/Iran, 2002.
- Ders.: Safinat-ul-Behar. Qum/Iran, 1998.
- Sabzewari, Mohammad-ibn-Mohammad: Dschame-ol-Achbar. Moassesaoto Aal-el-Bait, Qum/Iran, 1990.
- Sadoogh, Schaich Abu Dschafar Mohammad-obno-Ali (Ebno Babwaih al-Qumi): Khisal, Qum/Iran, 1983.
- Ders.: Maani-al-Achbar. (2 Bände), Teheran/Iran, 1992.
- Ders.: Oyoono Achbare-r-Ridha, Teheran/Iran, 1992.
- Ders.: Tauhid, Qum/Iran, 1983.
- Scharif Radhi Mohammad ibd Hussain: Nahdsch-ul-Balagha (Pfad der Eloquenz). Aussagen und Reden Imam Alis (a.). Übertragungen ins Deutsche von Fatima Özoguz. Bd. I-II. m-hadithec, Bremen 2007.
- Tabarsi, Ahmad-ibn-Ali: Ehtedschadsch. Qum/Iran, 1984.
- Soyooti, Dschalal-u-Din: Al-Hawi Lil-Fatawi. Beirut/Libanon, 2005.

- Üzoguz, Fatemeh/ Abu Hadi: Je 40 Überlieferungen der Reinen (Arabisch-Deutsch). Bremen, 2008.
- Zaghlool, Mohammad Said: Mosooato Atrafe-l-Ahadith Annabawi Ash Sharif. Beirut/Libanon, 1996.

6.2. Bücher

- Bürgel, Johann Christoph: Allmacht und Mächtigkeit. Religion und Welt im Islam, München 1991.
- Colpe, C.: Problem Islam. Frankfurt a. M. 1989.
- Gätje, Helmut: Koran und Koranexegese. Zürich 1971.
- Gellner, E.: Der Islam als Gesellschaftsordnung, 1992 (engl. 1981).
- Halm, Heinz: Der schiitische Islam. Von der Religion zur Revolution, München 1994.
- Hartmann, Richard: Die Religion des Islam. Nachdr. d. Ausg. 1944, Darmstadt 1987.
- Helli, Ebno Fahd: Oddatt-od-Daii, Teheran/Iran, 1985.
- Italiaander, Rolf (Hrsg.): Die Herausforderung des Islam. Musterschmidt-Verlag, Göttingen · Berlin · Frankfurt, 1965.
- Nagel, Tilman: Staat und Glaubensgemeinschaft im Islam. 2 Bände. Zürich 1981.

- Paret, Rudi: Mohammed und der Koran. 5. Aufl. Stuttgart 1980.
- Schimmel, A.: Die Zeichen Gottes; Die religiöse Welt des Islam, Verlag C. H. Beck, München 1995.
- Stieglecker, Hermann: Die Glaubenslehren des Islam. Paderborn 1962.
- Stolz, F.: Einführung in den biblischen Monotheismus, Darmstadt 1996.
- Tabatabai, (Allamah) S. M. H.: Der Koran im Islam. M-hadithec Bremen/Deutschland, 2009.
- Ders.: Die Schia im Islam. Hamburg 1996.
- Witte, M. (Hg.): Der eine Gott und die Welt der Religionen. Beiträge zu einer Theologie der Religionen und zum interreligiösen Dialog. Würzburg 2003.

6.3. Artikel

- Rahner, K.: Einzigkeit und Dreifaltigkeit Gottes im Gespräch mit dem Islam, Schriften zur Theologie, Bd. 13, Einsiedeln 1978, 129–147.

Lernweg zum Schia-Islam. Wiener Schia-Islam Vorlesungen
Darstellungen der schiitischen Anschauung
mit Schwerpunkt auf der Zwölferschia

Herausgegeben von Hamid Kasiri

Band	1	Hamid Kasiri: Himmlischer Lernweg. Monotheistische Anschauung. 2015.
Band	2	Hamid Kasiri: Gerechtigkeit. Relectur einer Sehnsucht. 2015.
Band	3	Hamid Kasiri: Berufung. In Vorbereitung.
Band	4	Hamid Kasiri: Imama. In Vorbereitung.
Band	5	Hamid Kasiri: Jenseits: Neugestaltung des Lebens. In Vorbereitung.

www.peterlang.com